4·16구술증언록 단원고 2학년 4반 제7권

그날을 말하다

하용 아빠 빈운종

이 도서의 국립중앙도서관 출판예정도서목록(CIP)은 서지정보유통지원시스템 홈페이지(http://seoji.nl.go.kr)와
국가자료공동목록시스템(http://www.nl.go.kr/kolisnet)에서 이용하실 수 있습니다.
CIP제어번호: CIP2019009423

4·16구술증언록 단원고 2학년 4반 제7권

그날을 말하다

하용 아빠 빈운종

4·16기억저장소 기획 편집
(사) 4·16세월호참사가족협의회 지원 협조

일러두기

1. 음절로 식별 가능한 소리를 들리는 대로 전사하는 것을 원칙으로 한다.

2. 의미를 파악하기 위해 추가 설명이 필요할 경우 [ ]로 표시한다.

3. 몸짓, 어조 등 비언어적 행위는 ( )로 표시한다.

4. 구술자가 말을 잇지 못해 말줄임표를 사용하는 경우 ……, …로 길고 짧음을 표시한다.

5. 비공개 영역은 〈비공개〉로 표시한다.

6. 비공개해야 하는 희생자 형제자매의 이름은 ○○, △△ 등의 도형기호로, 생존자의 이름은 A, B, C 등 알파
   벳 대문자로 표시한다.

7. 비공개해야 하는 제3자는 직분이나 소속, 성만 공개하고, 이름은 ××로 표시한다. 비공개해야 하는 숫자는
   자릿수에 상관없이 □로 표시하며, 지명은 □□로 표시한다.

책머리에

4·16기억저장소에서는 세월호 참사 5주기를 맞아 구술증언 수집 사업의 결과물 일부를 100권의 책으로 발간하게 되었습니다. 이 사업은 2015년 6월부터 다양한 학문 분야 구술 연구자들의 자발적인 참여로 진행되어 왔으며, 세월호 참사를 좀 더 정확하고 다각적으로 기록하고 기억하고자 하는 노력의 일환으로 수행되었습니다.

2014년 참사 발생 이후, 참사 피해자들의 목격담과 경험은 안타깝게도 공식적인 국가기관과 언론의 기록 속에서 철저히 소외되거나 왜곡되었습니다. 그것은 세월호 참사가 우리에게 안긴 죽음과 고통의 충격만큼이나 우리 사회의 끔찍한 비극이었습니다. 따라서 사업을 진행하면서 세월호 참사 희생자 가족, 생존자, 생존자 가족, 어민, 잠수사, 활동가, 기자 등등, 참사의 초기 과정을 직접 경험한 분들의 증언을 우선적으로 수집했습니다. 구술자는 이 사업의 취지와 방식에 개인적으로 동의한 분 중에서 선정했으며, 참여 과정에 어떠한 금전적 보상이나 이익이 제공되지 않았습니다. 또한 구술증언 수집 사업을 진행하는 동안, 면담자는 연구자이자 참사를 겪은 공동체 시민으로서 최대한 윤리적이고자 노력했습니다.

구술자마다 매회 약 2시간씩 3회를 원칙으로 음성 녹취와 영상 촬영을 하는 방식으로 진행되었고, 증언의 일관성을 확보하기 위해 면담자는 큰 틀에서 공통 질문지를 사용했습니다. 공통 질문지의 내용은 참사와 구술자 간의 관계성에 따라 차이가 있지만, 유가족 구술의 경우 1회차 '참사 이전의 삶, 팽목항과 진도에서의 경험, 자녀에 대한 기억'을, 2회차 '참사 이후 투쟁과 공동체 활동 경험'을, 3회차 '참사 이후 개인 및 가족이 경험한 삶의 변화와 깨달음, 자녀의 현재적 의미'를 중심으로 했습니다. 이처럼 증언 내용은 참사 이전에서 시작해 참사 발생 당시의 경험과 이후의 변화 과정까지 폭넓게 수집했고, 면담자는 구술 채록 과정에서 구술자의 발화를 최대한 존중하고자 했으며, 무엇보다 각자의 특수한 경험과 다른 시각을 충실히 반영하고자 했습니다.

이 구술증언록의 발간을 위해, 채록된 음성 자료는 문서로 변환해 구술자와 함께 검토했고, 현재 시점에서 공개할 수 있는 영역과 할 수 없는 영역으로 구별했습니다. 따라서 책에 실린 내용은 모두 구술자로부터 공개를 허락받은 부분입니다. 비공개 영역은 추후 구술자의 동의를 받아 적절한 절차를 거쳐 추가로 공개될 수 있으리라 생각합니다.

이 구술증언록 100권에는 그동안 우리 사회에 왜곡되어 알려지거나 잘 알려지지 않았던, 참사 발생 직후 팽목항과 진도 혹은 바다에서의 초기 상황에 관한 중요한 증언이 포함되어 있습니다. 또한, 자녀를 잃는 잔인하고 애통한 상황을 겪으면서도 그 누구보다 강인한 정치적 주체로 성장할 수밖에 없었던 유가족의 마음과 경험을 구체적으로, 그리고 여러 각도에서 살펴볼 수 있습니다. 그 외에도, 이 구술증언록은 2014년을 전후한 한국 사회의 여러 측면을 드러내는 귀중한 자료가 되리라고 생각합니다. 무엇보다 국내외의 많은 분이 이 책을 읽어, 장차 세월호 참사의 진상 규명과 역사 서술에 기여할 수 있기를 바랍니다.

구술증언 수집 사업이 진행되고, 책으로 출간되기까지 많은 분의 도움과 지지가 있었습니다. 이 지면을 빌려 부족하나마 감사의 말씀을 전하고자 합니다.

먼저 (사)4·16세월호참사가족협의회와 4·16기억저장소에 감사를 드립니다. 이분들의 신뢰와 적극적인 협조가 없었다면, 이 사업은 처음부터 시작할 수조차 없었을 것입니다. 또한 어려운 정치 환경 속에서도 사업의 취지에 공감해 재정 지원을 결정해 준 아름다운가게와 역사문제연구소에 감사드립니다. 두 단체 덕분에, 이 사업을 4년 동안 계속해 올 수 있었습니다. 그리고 구술증언록 100권의 발간에 동의하고, 바쁜 일정에도 출판 실무를 기꺼이 맡아주신 한울엠플러스(주)에도 감사를 드립니다. 이 외에도 많은 개인과 단체가 직간접적으로 많은 도움을 주시고 격려해 주셨습니다. 여기에 모두 밝히지 못하는 것을 죄송하게 생각합니다.

 말할 필요도 없이, 가장 크고 또 가슴 아픈 감사는 구술자 한 분한 분께 드리고자 합니다. 이 책이 발간될 수 있었던 것은, 무엇보다 용기를 내어 아픔과 고통의 기억을 다시 떠올리고 장시간 진심으로 이야기를 해주신 구술자가 있었기 때문입니다. 오랜 시간 이야기를 나누며 함께 공감하기도 했지만, 그 아픔과 고통을 어떻게 가늠할 수 있을까 싶습니다. 더 큰 도움이 되지 못함을 안타까워하며, 이 구술증언록 100권의 발간이 피해자분들에게 조금이라도 위로가 될 수 있기를 기원합니다.

2019년 4월

4·16기억저장소 구술팀 책임자
서울대학교 인류학과 교수 이현정

차례

하용 아빠 빈운종

구술자 빈운종은 단원고 2학년 4반 고 빈하용의 아빠다. 세 형제 중 큰아들이던 하용이는 어려서부터 조용히 공룡이나 고래 그림 그리기에 몰두하는 아이였고, 계속 그림을 그리고 싶어 했다. 참사로 세상을 새롭게 알게 된 아빠는 온화한 마음으로 주변과 남은 두 아이를 다독이며 진상 규명의 긴 여정을 함께 걸어가고 있다.

빈운종의 구술 면담은 2016년 12월 19일, 27일, 그리고 2017년 1월 3일, 3회에 걸쳐 총 5시간 동안 진행되었다. 면담자는 이봉규, 촬영자는 박은수·김솔이었다.

구술자 본인의 프라이버시나 제3자의 프라이버시를 보호해야 할 부분을 제외하고는 구술자의 발화를 있는 그대로 전사했다.

1회차

2016년 12월 19일

1
시작 인사말

면담자   본 구술증언은 4·16 사건에 대한 참여자들의 경험과 기억을 기록으로 남김으로써 이후 진상 규명 및 역사 기술에 기여하고자 합니다. 지금부터 빈운종 씨의 증언을 시작하겠습니다. 오늘은 2016년 12월 19일이며, 장소는 안산시 정부합동분향소 내 불교방입니다. 면담자는 이봉규이며, 촬영자는 박은수입니다.

2
구술 참여 동기와 안산 이주 과정

면담자   제가 전화를 드려서 면담을 같이 해주셨으면 하고 부탁을 드려서 이 면담에 응하게 되셨겠지만, 애초에는 어머님께 부탁을 드렸었습니다.

하용 아빠   예.

면담자   예. 어떻게 참여하게 되셨는지 동기에 대해서 좀 얘기해 주실 수 있을까요?

하용 아빠   집사람이 그 구술증언을 하는 거에 대해서 좀 '본인이 하기 힘들 거 같다', 다 전반적인 거 이야기할 때. 그래서 그러면 '내가 갔다 오겠다' 그래서 이렇게 오게 됐습니다. 그리고 아이, 사람들이 세부적으로 몰랐던 거를 제가 알고 있는 선에서 얘기함으로써 좀 더 많은 사람들이 세월호 참사에 대해서 제대로 알고, 제대로 진상 규명이 되고. 또 책임자 처벌도 해야 되지만 제대로 이뤄지지도 않았고, 또 추후에 이런 일이 발생했을 때 재발 방지를 위해서 조금이라도 좀 보탬이 됐으면 해서 참여하게 됐습니다.

면담자   예. 어머님은, 오늘 아침에 면담 직전에 갑작스럽게 제가 연락을 받게 돼서.

하용 아빠   집사람이 좀 부담스러워 하더라고요.

면담자   아, 계속.

하용 아빠   다시 또 그 아픈 기억을 떠올려야 되니까 그게 좀 힘들다 그러면서 저보고, "당신이 대신 가면 안 되겠냐, 하면 안 되겠냐?" 해서 제가 가게를 집사람보고 열으라 그러고 제가 대신 왔습니다.

면담자   예, 감사드립니다. 어떤 목적으로 사용되기를 원하시냐는 질문은 방금 대답을 좀 해주신 것 같고, 이제 조금 앞으로 돌아가 보겠습니다. 언제부터 안산에 사시게 되었는지부터 좀 이야기를 해주실 수 있을까요?

하용 아빠   제가 그전에는 그 현장 일을 했었어요. 골프장 시공해서 잔디 파종해서 관리하는 코스 관리 쪽하고 공장 쪽을 같이 겸해서, 초기 공사 일을 하고 다녔었어요. 그러다가 제가 그 일을 하다 보니까 이제 허리가 안 좋아져서 수술을 하고, 생업을 그쪽 현장 관련된 쪽은 하기가 힘들어질 거 같아서, 무리가 올 거 같아서, 저희 형 밑에서 장사를 배울려고 생계를, 생업 수단을 바꾸려고 안산으로 왔는데. 온 거는 하용이가 초등학교 때 왔구요. 벌써 한… 근 10년 정도 가까이 돼가네요, 벌써.

면담자   그럼 오신 건 한 2016년, 아니 2006년쯤입니까?

하용 아빠   그 정도 선이죠. 2006년인가 7년으로 기억하고 있어요.

면담자   그럼 그 전에는 어디서?

하용 아빠   용인에서 그 현장 일을 다니면서 했었구요. 그때 당시는 아이들하고 만나는 시간이 제가 많이 적었습니다. 왜냐면 현장 일이라는 게 있을 때마다 가서 길게는 1년, 짧게는 6년[6개월] 정도씩 이렇게 현장에서 머물면서 하고, 가까운 현장 같으면 집에서 출퇴근 할 때도 있고. 매일 출퇴근하기 힘들면은 숙소생활 하면서 한 일주일에 한 번, 이 주일에 한 번, 먼 현장 같은 경우에는, 제주도 같은 경우에는 한 달에 한 번, 두 달에 한 번 이렇게 집에 올라오면서 아이들 보고, 그런 쪽으로다 생활을 했었구요. 올라와서는, 안산 올라와서는 형하고 슈퍼 일을 했었어요. 제가 허리 수술을 해서 힘든 일을 하기가 몸으로 이렇게 많이 부대끼는 일을 하기가 힘들어져서, 형한테 가서 슈퍼 일을 하면서 한 5년 조금 넘게 같이 형하고 하고, 생활은 그거 하면서 집사람하고 같이, 형하고 형수 내

19
•
1회차

외하고 넷이서 [했습니다]. 저희는 그때 장사를 했었거든요. 아이들은 큰애도 그렇고 둘째도 그렇고 막내도 그렇고, 이제 장사를 막상 하다 보니까 아이들 볼 시간이 오히려 더 없더라구요. 왜냐면 아침에는 제가 가게 문을 열고 저녁때는 형이 닫는데, 아침에 애들이 잘 때 한 6시 반 정도 되면 저는 슈퍼로 나오게 되고, 일을 하러 가게 문을 열러 나오게 되고. 제가 들어가는 시간대는 11시나 12시에 들어가는데, 아이들은 이제 집에 들어와서 먼저 잘 시간대가 되는 거고. 그래서 그런지 같이 있대는[있다는] 거는 이렇게 지내는 거는 현장 일 할 때보다 훨씬 더 좋았었는데, 아이들하고 정작 시간을 내서 이렇게 뭐 어디 다니고 그런 거는 많이 줄어들었었구요.

면담자   예전에 오히려 멀리 떨어져서….

하용 아빠   가끔 가다 보면은 그래도 뭐 할머니 집에도 가고 외갓집에도 가고, 데리고 가고 밖에 나가서 어디를 뭐, 집이 그 전에 용인에 살 때니까 에버랜드도 연간회원권 끊어서 다니기도 했었고. 뭐 어디 같은 데 이렇게 절 같은 데나 와우정사나 이런 그런 데나 다니고, 같이 이렇게 가족끼리 가서 나들이 겸 그런 쪽으로 많이 다녔었는데. 안산 올라와서는 그게 좀 많이 시간 내기가 힘들었었고…. 그래도 아이들이 이제 셋이다 보니까 어리고 그래서 돈을 벌어야 되는 입장이니까, 와서 나름 집사람하고 둘이서 열심히 살아볼려고 많이 노력하면서 살았죠.

면담자   어머님도 같이 아버님 하시는 데서.

하용 아빠   예, 같이 슈퍼 [했습니다].

면담자   아, 예. 그때도. 그러면 하용이는 고향이 용인인 건
가요?

하용 아빠   원래 태어나기는 전부 애들은 용인에서 다 태어나구
요. 여기 온 게 제가 몸을 다침으로써, 이제 어느 정도 재활 치료가
되고 생계가 문제가 되니까 일을 해야 되는 입장이고 그래서 용인
에서 안산으로 오게 됐어요.

면담자   그럼 아버님은 어머님이랑 결혼도 용인에서 하신 거
세요?

하용 아빠   예. 제가 첫 직장 들어가서. 집사람은 제가 들어가기
전에 경리 업무를 보고 있었고, 저는 직장 들어가서, 제가 늦게 들
어가고. 그래서 집사람하고 사내에서 만나서 사내 결혼 하게 됐
고요.

면담자   예.

3
그림을 그리고 싶어 하던 하용이의 진로 이야기

면담자   안산에 처음에 오셨을 때 슈퍼 하시면 굉장히 바쁘
셨겠지만 또 뭐랄까, 주위에 다른 분들이랑 네트워크라고 할까, 같

이 알고 지내는 분들이 자연스럽게 생기셨을 텐데요. 그런 관계들이 어떠세요?

하용 아빠　　안산 처음 와서는 제가 이제 장사를 배우느냐고[배우느라고]. 그때 당시에도 허리가 완전히 나은 상태는 아니었었구요. 이제 조금씩 조금씩 몸에 맞게 조금씩 일하는 거 늘려가는 쪽으로다 처음에는 했었구요. 장사를 하다 보니까 그 지역 주변 쪽에서는 무지 많이 사람을 알게 됐죠, 오시는 손님들을 보면서. 매일 오시는 손님이 있는가 하면, 가끔 오시는 손님도 있고 그러다 보니까 그 지역에서 자주 만나는 분들은, 만나는 분들은 그러다 농담할 정도로다 그렇게 친하게 지내게 됐었구요.

　　제가 [세월호] 사고를 겪으면서 제일 힘들었던 게, 저희 가게에 오던 아이들이 사고 당한 애들도 있었고, 또 그 가게 오시던 엄마, 그 손님의 자식들도 사고를 당한 분이 계시고. 일을 하면서 알게 된 저하고 나이가 같아서 알게 된 친구, 사회 친구라 그러죠? 만난 친구 아들도 같이 사고를 당하고. 그런 게 참 힘들더라구요, 이게. 사람은 많이 알아서, 많이 사람들을 알게 됐지만, 그거에 따라서 알던 사람들이 많이 사고를 같이 당해서 그게 참 되게 마음적으로.

　　아침에 맨날 껌 사러 오던 애가, 도서관 간다고 껌 사러 오는 아이가 있었어요. 일요일 날도 오고, 토요일 날도 오고. 이렇게 쉬는 날인데, 분명히 쉬는 날인데 도서관 간다고 아침에 와서, 제가 가게 문 열 때 껌 사갖고 가요, 일찍. 돌이켜 생각해 보면은 참… 그때는 먹고사느냐고[먹고 사느라고] 이렇게 하면서 했지만은 그래도 한 해, 두 해 장사를 하면서 알았던 사람들인데……. 주변에 거기 사고 당한 가족들이 많거든요. 제가 슈퍼 일을 하다 보니까 1킬로 반경까지는 제가 배달을 다니고 하다 보니까 상당히 많은 가족들을 알아요. 같이 사고 난 이후에는 어디 산다는 것까지 주소까지도 다 알 정도로…. 생활하는 거는 그냥 별 어려움 없이 생활을 했구요 둘이, 집사람하고 둘이 같이 일을 했었고. 그래서 일하는 거는 그렇게 힘들다 생각 안 하고 했었구요. 아이들하고도 뭐 자주는 아니지만 그래도 휴가도 같이 갔다 오고 하면서 생활을 했구요.

큰애[하용이] 같은 경우에는 여기 와서는 그리 사고를 그렇게 안 치는, 그러니까는 얘기하면 얘기하는 대로 순응을 많이 하는 쪽이었었는데. 저하고 부딪친 게 그림을 그리고 싶다 그래서, 그것 때문에 대학 진학할 때 조금 저하고 언쟁이 좀 많았었죠. 왜냐면은 그림만 그려갖고는 솔직히 자기가 빛을 볼 때까지는, 이렇게 좀 알려지기 전까지는 먹고살기가 힘들잖아요. 근데 여자면 모르겠는데 남자는 나중에 가정을 꾸리게 되면 처자식을 먹여 살려야 되는 입장에 서고 해서…. "그림만 그리고 싶다" 그래서 "그림만 그리는 게 아니라 나중에 먹고살 것도 수입이 있어야지 가정도 꾸리고 저것도 할 거 아니냐" 얘기를 하면서, 많이 그런 면에서 부딪치다가 인제 그러면은 제 입장에서는 그렇게 얘기를 한번 했었어요. 방안으로다가 "니가 학교 미술 선생님을 해도 되는 상황이고, 그러면서 그리고 싶은 거 그려도 되지 않겠냐? 그러면 어느 정도 공부를 좀 해야지, 더 열심히 해야 되지 않겠냐?" 공부를 못하는 편은 아니었었는데, 그래도 조금 더 열심히 하는 게 좋을 거 같아서 얘기를 그렇게 했더니 "알겠다" 그러더라고요. 그러더니 아주 특출나게 잘하는 건 아니지만, 반에서 3, 4등 할 정도로는 공부를 했어요.

면담자　　　음, 잘했네요.

하용 아빠　　"그림을 그리고 싶다" 그래서 "그러면 학원을 보내줄 테니까 다녀봐라". 그래서 집사람이 이제 제가는[저는] 시간을 내기가 힘들고 그래서 집사람이 학원을 데려가서, 학원에도 이제 테스트받는 게 있더라고요. 어느 정도 수준인가를 알아야지 가르키는[가르치는] 저거를 한다 그래서 테스트받고 오더니 한 이틀인가를, 제가 기억하기로는 그럴 거예요, 테스트받고 오더니 집사람이 가서 이제 학원에 가서 얘기 듣기로는 "대입 준비하는 애들 수준까지 된다". 혼자서 맨날 방안에서 그림 그리고 그다음에 그거[종이접기] 하는 게 주였었고요. 어떨 때 보면은 일본어로 된 종이접기, 그 인터넷으로 뒤져서 종이접기도 하고. 좀 사내애들한테 보기 힘든, 여성스럽다고 그럴까? 좀 조용하다 그럴까? 자기만의 저거에[세계에] 빠져 있는 시간이 많아서… 제가 많이 걱정을 했었거든요. 바깥으로 좀 돌고 친구들도 사귀고 그래야지, 사회생활 할 때도 대인관계나 이런 게 좀 더 좋아질 거 같아서 "밖에 나가서 놀으라" 그랬더니 "아빠, 저는 그림 그리고 이런 거 하고 있는 게 더 재미있다"고 할 정도로다… 어찌 보면 내성적이구요 굉장히. "원하는 게 있으면은 니가 뭘 하고 싶으면은 말로 표현해야지 이제 좀 상대방이나 엄마,

아빠가 알아들을 수 있는, 다른 사람들한테 말 표현도 할 줄 알아야 된다" 얘기를 해서 그나마 본인이 미술 쪽으로다 진학을 하고 싶다고 그래서 제가 그럼 나중에는 "니가 노력하는 선에서 이렇게 이런 방향 쪽으로다 먹고살 길도 생각 한번 해보고", 그래서 승낙을 하게 되고, 그거 되게 좋아하더라고요. "그러니까 아빠가 승낙할 테니 같이 니가 좋아하는 일을 하고 하되, 아빠가 지원해 줄 수 있는 거는 학원이라도 더 가게, 다니게 하고, 니가 가고 싶은 대학 아빠가 돈 없어서 못 보내는 일은 없도록 할 테니까 대신 열심히 해라. 열심히 해야지 더 좋은 결과도 맺어질 수 있는 거고" 그렇게 해서….

면담자　　　그게 고등학교 1학년 때 일이지요?

하용 아빠　　　예. 고등학교 1학년, 그러니까 한 6개월 정도까지는 제가 미술 쪽으로 하고, 한다는 거에 대해서 좀 반대를 많이 했어요, 한 6개월을 이렇게.

면담자　　　아, 6개월 정도 하셨구나 반대를.

하용 아빠　　　예. 그러다가 정 하고 싶다 그리고 충분히 얘기 들으며 해서, 본인이 하고 싶은 거 하고 살아야지 어거지로 제가 이렇게 살으라고 강요할 수는 없는 거니까. 그래서 2학년 때인가 아니 1학년 2학기 때던가… 지나고 나서 제가 승낙을 해서, "그러면 엄마하고 알아봐서 학원을 일단 가서 다닐 수 있는지 니가 알아봐라. 알아보든지[알아보고 나서] 엄마하고 해서 같이 [가서 등록하고] 학원을 1년이라도 다녀라. 그래야지 좀 더 니 하고 싶은 거 할 수 있으니까"[라고 했어요].

면담자　　　　어머님은 원래부터 그림 그리는 걸 찬성하셨던 모양입니다.

하용 아빠　　　집사람도 찬성할 수는 없었죠. 왜냐면 저하고 얘기했던 게, 지금은 진짜 그림 그려서 밥 먹고산다, 가족 부양하고 산다는 게 쉽지 않은 시기잖아요, 누구나 다. 수입원이 없는 상태에서 그림만 그린다 그러니까 그럼…. 집사람도 이제 그런 거에 대해서 애 진학에 대해서 어떤 쪽으로 간다라는 것에 대해서 서로 얘기하는 과정에 "당신은 어떻게 생각하나? 나는 쟤는 남자고 한 가정을 책임져야 될 건데" 뭔가 대비책이 있고 나서 그림을 그리는 거는 뭐 자기가 회사를 다니든지 공무원을 하든 남는 시간에 자기가 더 해서 그림 그리고 싶은 거 할 수도 있는 건데, 그림만 그리겠다는 거는 저는 찬성을 못 했었어요, 처음에는. 아까도 얘기드렸지만, 공부 좀 더 열심히 해서 뭐 미술 계통의 대학을 가서든지, 아니면 본인이 원하는 대학을 가든 원하는 데를 가서, 미술 쪽으로다 할 수 있는 게 학교 선생님이 제일…. 미술 선생님이나 그런 쪽이 제일 제가 봐서는 안정적이지 않나 싶어서, 집사람보고도 "이런 이런 쪽으로 해야지, 기본적인 수입원은 있어야지 그림 그리고 살, 본인이 하고 싶은 거 하고 살더라도 되지 않겠냐". 그래 갖고 집사람하고도 거기에 대해서 의견 절충을 해서, 맞춰서 집사람도 동의를 했었고.

그래서 저는 아침에 일찍 나오니까, 집사람이 애들 학교 갈 때까지 밥 챙겨주고 저거 다 하고 나오니까. 집사람하고 그렇게 얘기를 절충하고 집사람보고 "당신이 이렇게 이렇게 해야 되지 않겠냐? 그러면 큰애하고 얘기를 좀 해봐라", 저는 이제 아침에 일찍 나갔다가 거의 11시, 12시 돼야 들어오니까. 집사람한테 이렇게 아이하고 대화하는 거는 많이 이렇게 상의한 다음에 얘기하게 하는 쪽으로 했었죠. 그래 갖고 집사람도 처음에는 반대를 하다가 이런 방안을 찾고 나서 "니가 이렇게 해서 공부를 좀 더 열심히 해서, 교원대를 가든 저거를[그림을] 하든 해갖고… 이렇게 한다는 저거면 아빠, 엄마가 찬성을 하겠다" 그런 의사를 집사람이 전달을 해서, 아이도 "그렇게 하겠다" 그래서 실질적으로다가 좀 더 열심히 했었구요.

그러니까 고등학교 그 시간을 다 쓰고, 그다음에 집에 올 시간에 학원을 가서 그림을 그리고 저거를 하고 오는 것은, 어떨 때는 제가 11시 반이나 12시쯤 들어가면 그때 아이가 오고 그랬었으니까요. 갔다 오면 겨울 같은 경우에는 추워서 이제 택시 타고 오지만, 이제 차를 타고 오고 저거 하지만 "아빠 추워요" 그러면은 덩치는 저하고, 저보다 비슷한데, 저보다 더 크든지 하는데 살이 좀 많이 찐 편이었었거든요, 저한테 와서 안기고…. 생활은 거의 그런 식으로 생활을 했었구요.

면담자   주말에도 계속 슈퍼를 여셨어야 됐던 건가요?

하용 아빠　　　저희는 슈퍼는 쉬지를 못해요. 거의 그래서… 이제 여자들만, 형수하고 집사람만 교대 교대 쉬는 쪽으로 그렇게 했었고. 이제 형하고 저는 낮에 좀 장사 준비를 해놨고, 잠깐잠깐씩 쉬는 쪽으로. 뭐 한두 시간 정도? 이제 잠이 부족하니까. 예. 잠깐 쉬는 쪽으로, 그런 식으로.

4
하용이 어린 시절에 대한 기억

면담자　　　얘기가 갑자기 애가 커버린 다음으로 흘러갔네요. 제가 이럴 의도는 아니었는데.

하용 아빠　　　아니, 저도 얘기하다 보니.

면담자　　　예, 맞습니다. 흔히 있는 일이구요. 다시 좀 아이 어린 때로 돌아가 보겠습니다.

하용 아빠　　　예.

면담자　　　언제부터 아이가 그렇게 그림 그리기를 좋아한다는 걸 알게 되셨나요?

하용 아빠　　　그림 그리기 좋아했던 거는, 그 하용이가 어렸을 때 아이들 책을 이렇게 사주잖습니까? 근데 유독 그 바닷속 생물이라 그래서 고래나 이렇게 상어 같은 거 그런 거하고 공룡 같은 거를

28
·
하용 아빠 빈운종

자기가 그리기 시작하더라구요, 어렸을 때서부터. 그래서… 그때 당시 어렸을 때에서부터 그림 그리고 종이접기 하는 걸 되게 좋아했어요. 이것저것 그리기 시작해서, 처음에는 애가 그냥… 몇 번 하다가 그려보다가 재미로 하다가 안 하겠지 했는데, 앉아 있는 시간이 어렸을 때부터 하나에 그리는 거에 빠지면은 한 서너 시간 씩 그냥 앉아서 그리고.

면담자   애가 그러기 쉽지 않은데요.

하용 아빠   그러니까 본인이 하고 싶은 거 할 때는 꼼짝도 안 하고, 먹을 것만 먹고 그리고. 그래서 공룡을 종류별로다 다 그려서 이렇게 했었고. 제일 좋아했던 게 어렸을 때 그 스케치북 같은 거를 사주면은 그걸 제일 좋아했어요. 거기다 그림 그리고 노는… 공룡을 그렸었으면, 또 한 조금 지나다 보니까 고래 같은 거를 그리기 시작하더라구요, 그림으로. 그러면 그걸 종류별로다 고래 종류별로 다 그리고. 그다음에 또 상어가 여러 개 있다 그러더니, 그 상어 종류별로다 다 그리고. 어렸을 때서부터 종이접기 하고 그리는 쪽으로다. 바깥에 나가서 어렸을 때서부터는 좀 놀고 그런 거를 많이 했으면 좋겠는데, 많이 그리는 쪽으로다 했었어요. 그래서 제가 어렸을 때 초등학교 정도 들어갔을 땐가, 그때서부터는 태권도 도장을 보냈었어요.

면담자   아, 일부러?

하용 아빠   예, 용인에서부터. 좀 바깥으로다 좀… 건강이 제일

29
·
1회차

우선이니까, 좀 뛰어놀으라고. 갔다 오는 건 잘 갔다 오더라구요, 애가. 갔다 오면은 무조건 앉아서 거의 집에서 컴퓨터를 하든 해서 뭐 종이접기 같은 거 찾아보고, 책 사달라 그러는 게 종이접기 유형별로다 다 책이 다 틀리잖아요. 여러 군데에서 나오니, 단순한 거 그다음에 중간, 어려운 거. 집에 종이접기 책만 한 일고여덟 개는 될 정도로다, 그거에 본인이 하다가 전부 다 봤으면 재미가 없으니까 인터넷에서 뒤져서, 일본어로 된 거를 종이접기 사이트를 들어가서 찾아서 [하고]. 저희는 일본어나 이런 거 영어로 되어 있으면 모르잖아요. 근데 자기가 이렇게 종이접기 하는 순서만 보고 접어서 하고, 아니면은 그 시간 외로는 거의 그림 그리고 놀고. 상당히 그런 시간이 많았어요.

　　제가 현장에서 일하다가 쉬게 되면은, 주말 같은 때 오게 되면, 제가 아이들 데리고 일부러 용인 근처의 원삼 쪽에, 원삼이라고 있어요. 그쪽에가 그 농수로에 고기 같은 것도 있고 그래서 일부러 데리고 가서 고기도 잡으러 가보고, 여름철에는 물놀이하는 데에 데리고 가서 수영장도 데려가 보고. 다니는 거는 재미있어하는데, 집에 있을 때는 거의 두 가지밖에 안 하더라고. 공부는 시험공부 이런 게 아니라 이렇게 책 보든지…. 주가 그래요. 그리고 큰애 때 사준 책은 큰애가 거의 다 한 번씩은 다 보더라고요. 종류별로 뭐 위인전이나 이런 거는, 동물백과사전 같은 거 지금 다 사줬던 거는 거의 다 자기가 심심할 때 보면서 그림도 그리고 거기에 대해서. 주로 어디 가고 싶다 저런 건 아니고, 자기 혼자 이렇게 생각하면

30

하용 아빠 빈운종

서 하고 싶은 거 그림 표현해 보겠다 하면, 그림 그려보고 싶다 그러면 그걸 한 번 해서 안 되면은 다시 또 그려보고, 다시 또 그려야 되니. 이제 나중에는, 어릴 때부터 그 연필하고 저거만 사주면은 어떨 때는 스케치북이 여러 장이잖아요. 한번 그리기 시작하면 대여섯 장 그릴 때까지는 그대로 있는 거예요.

조금 뭐라 그래야 돼, "어디 나가자" 이렇게 많이 보채고 그런 쪽은 아니었었구요. "어디 놀러 가자" 그러면 이렇게 "싫다" 그러지는 않았는데, 될 수 있으면 많이 데리고 나갈려고 노력을 했었죠, 그때 용인에 살 때는. 용인이 처갓집이고 처형도 있고 다 있어서. 제가 이제 다니던, 인사차 다니면서도 아이 데리고 가서… 가면은 조금 뭐라 그럴까… 가서 인사하고 저거 하고 그래서 돌아서 앉아서는 뭐 할까 이렇게 생각, 찾아보면서 가만히 이렇게 자기 관심을 쏟을 수 있는 거를 찾아서 많이 하는 쪽이었죠. 제가 가리킬 [가르칠] 수는 없었고, 그때 당시에는 현장 다니고 그러니까 가끔 가다 와서 보는 편인데, 자기 나름대로다 그 뭐라 그럴까, 노는 방법이라 그럴까, 그걸 그쪽으로 풀은 거 같아요. 이렇게 책 보고 그림 그리고.

면담자   책은 어떤 거 주로 보는 거 같으셨나요?

하용 아빠   그 왜, 식충식물에 관한 책이 있으면은 그런 거 애가 보기 시작하면 뭐, 뭐가 있고 뭐, 뭐가 있고 그걸 책을 거의 다 이렇게 내용을 외우다시피 하는 거죠. 그래 갖고 제가 제주도에 근무,

31
•
1회차

현장이 생겨서 한 3년을 내려가 있을 때….

면담자   아이고, 오래 계셨군요 제주도.

하용 아빠   일부러 애한테 보여줄려고, 여미지식물원을 좀 보여
주고 그럴려고 집사람하고 한번 같이….

면담자   데리고 가서요?

하용 아빠   그때는 둘째까지, 둘째까지밖에 없었을 때[예요]. 내
려오라고 해서 제가 데리고 식물원에 데려가고 여미지식물원도 데
려가고 했었던 [적이 있는데] 유독 이렇게 식물이나 동물 이런 쪽으
로다 해갖고 관심을 많이 보이더라고요. 나름 집에서 에버랜드도
가찹고[가깝고] 그래서 꽃, 튤립축제나 장미축제 할 때 집사람하고
이렇게 어려서도 같이 데리고 갔었구요. 걷기 시작할 때서부터 가
차우니까[가까우니까] 딴 데, 딴 지역들 멀리 찾아가는 게 아닌 집에
서 차 타고 한 10분 거리밖에 안 될 정도였었으니까, 아이 데리고
많이 그런 쪽으로 가서 그런지 놀이기구 타는 거는 그렇기 안 좋아
했었는데, 가서 꽃 피고 저런 거 하는 거를 걸어 다니면서 보는
거를 되게 좋아했어요. 동물 같은 거 사파리 이렇게 들어가서 하
는 거.

면담자   아버님은 그쪽은 적성이 좀 안 맞으셨던?

하용 아빠   놀이기구 타는 거에, 저는 그 뭐 놀이기구 타는 거
같은 거는 집사람하고는 괜찮아 했는데, 유독 이놈은 겁이 많더라

구요, 놀이기구 같은 거 타는 거에 대해서. 그래서 제가 이렇게 안고 타고… 기계가 놀이기구가 이렇게 많이 움직이고 회전을 많이 하고 이런 거는 싫어하더라고요.

면담자　　　　(웃음) 자녀분 터울이 어떻게 됩니까? 자녀분들 소개 좀 쭉 해주십시오.

하용 아빠　　　큰애는, 큰애 밑으로 이제 큰애[하고] 둘째하고 두 살 차이구요. 저희가 둘만 낳고 그만 낳으려고 그랬었거든요. 근데 집 사람하고 나중에 나이 먹고 얘기할 상대가, 좀 딸도 하나 있으면은 좋지 않겠냐 해갖고 한 5년은 사이를 두고 막내를 낳았어요.

면담자　　　　막내는 그러면 딸이군요?

하용 아빠　　　아니요. 아들이요.

면담자　　　　아, 예(웃음).

하용 아빠　　　[딸] 낳고 싶다 그래서 낳으면은 다 좋겠지만….

면담자　　　　네. 하용이가 그러면 첫째인 건데.

하용 아빠　　　예.

면담자　　　　그 첫째에게 으레 뭐랄까, 한국의 가정에서 부여하는 첫째다움이란 거 있지 않습니까? 그런 것들은 보시기에 어떠셨나요, 흡족하셨나요?

하용 아빠　　　뭐 애들 크는 거야 다 똑같죠. 뭐 근데 둘째가 좀 샘

이 많은 편이고 그러니까 "형은 이거 해주면서 왜 나는 안 해줘?" 이런. 예, 그런 쪽이고. 큰애는 그냥 뭐 이렇게, 뭐 이렇게 "옷 사달라" 이런 거 저런 얘기를 거의 안 해요. 집사람이 데리고 나가서 입혀보고 철 따라서 이렇게 해주던 편이었고. 둘째는 새로 사준 지 얼마 안 돼도 형 사주면, "엄마 나는, 나한테는 왜 이걸 나는 안 사줘?" 똑같이 사주기를 원하는 쪽이었어요.

면담자   성격도 좀 다른가 봅니다.

하용 아빠   그죠. 성격이 하용이 같은 경우에는 좀 조용한 성격이고, 둘째는 친구들하고 어울려서 놀기 좋아하는 그렇게 외향적이고 그래서 이렇게 좀 구분이 정반대였죠.

면담자   그렇군요. 이런저런 이야기들을 많이 해주셨는데요, 혹시 하용이랑 같이하신 것 중에 제일 기억에 남는 일화는 어떤 게 있을까요?

하용 아빠   하용이랑요? 제가 현장을 다니면서 해갖고 뭐 같이 이렇게 많이 해주지를 못했어요, 저는. 보면은 저희 아버지, 어머니 집에도, 고향이 진천인데 용인에서 그래도 아버지, 어머니 얼굴 뵙고 와야 되니까 아이들하고 같이 가서 뵙고 오고. 음, 저런 것 땜에 많은 시간은 못 냈는데…. 하용이가 어렸을 때 기억나는 게 빙어 잡으러 갔었던 거야. 저희 고향 쪽이 그때 당시에 빙어가 잘 잡히는 쪽이라 할아버지, 이제 저희 아버지하고 저하고 하용이하고 집사람하고 빙어 잡으러 가서, 빙어 잡으면은 초장 찍어 먹지 않습니까 그냥 생으로? 근데 [하용이가] 그 불쌍하다고 먹지 말라고 했는데, 나중에 그걸 갖고, 잡은 걸 갖고 와서 튀겨놨으니까 이게 안 보이잖아요. 그때부터는 잘 먹어. (하용 아빠, 면담자 : 웃음) 그러니까 살아 있는 거를 이렇게 먹는 거를 되게 저거 하더라고. 음식으로 해서 나온 거는 이제 안 봤을 때는 저게…… 그게 그런 거하고.

이제 고기 잡으러 갔을 때 관심 보였던 거[는] 그런 거[죠]. 책에서만 그림책에서만 보던 거를 가서 냇가에서 이건……, 이제 정확한 명칭은 잘 모르잖아요. 저희도 그냥 이렇게 '송사리다, 피래미다' 뭐 이렇게 해갖고 부르잖아요. 근데 가서 잡았는데 걔가 이렇게 보더니 그때도 동물 같은 거 이런 거, 그 물에 사는 생물이나 이렇게 보면 우리나라에 사는 어느 물고기 그런 거를 보더니 "아, 이건 뭐다" 애가 얘기하는 거예요 애가, 자기가 보고. 들에 놀러 갔는데, 보면 이제 꽃 피고 그럴 때 놀러 가면 "이건 무슨 꽃, 무슨 꽃" 애가 책 보고 본 거를 얘기해 줄 정도로… 그런 거. 특별하게 이렇기[이렇게] 저거 한 거는[기억에 남는 것은] 없었어요. 저기 그런 거에서 가끔 가다가 뭐 애가 모르는 거를, 어른들도 모르는 정확한 명칭을 모르는 거를 얘기를 하더라고, 책을 보고 나서.

면담자   음. 하용이 키우시면서 특별하게 좀 '얘가 이랬으면 좋겠다' 생각하셨던 거는? 양육관, 교육관이랄까요?

하용 아빠   저는 사람들하고 이렇게 어울리는 거를 좀 좋아하는 편이에요. (전화벨 울림) 저는 아이가 좀 폭넓게 이렇게 사람들하고

사귀고, 그 하는 거를 좀 많이 바랬어요, 활동적이고. 저는 건강이
최우선이다 생각을 해서 몸 다치기 전서부터 이렇게 운동하는 거
를 좋아했고. 아이도 건강하게 자라는 게 제일 첫 번째구요, 사람
들하고 이렇게 좀 어울려서 뭐랄까 대인관계를 원만하게 할 수 있
는 쪽으로 자라줬으면… 제일 바랬던 건 그거였었죠. 저는 공부는
굳이 하라고 강요는 안 했었어요, 본인이 하고 싶으면 하는 거고.
제일 바랬던 거는 이렇기[이렇게] 애들하고 같은 또래끼리 많이 어
울려서 놀기를 원했는데, 초등학교 때도 그렇고 이렇게 자기 할 것
만 하고. 왜 초등학교 때 여자애들이 이렇게 같이 앉거나 이렇게
하면, 관심 주고 말을 걸면은 잘 이렇게 말을 안 하는 편이었었대
요, 집사람 얘기 들어봐서는. "왜 저걸 하냐" 친구가 물어보거든,
얘기를 하면은 같이 대답해 주고 그래야지, 그런 쪽으로만 주로.

5
아버님의 종교생활과 대학 동아리 활동

면담자　　　아버님, 아무래도 생계가 바쁘시다 보니까 사회 돌
아가는 일들에 대해서는 좀 어떻게 보셨는지 궁금합니다.

하용 아빠　　저는 그 전서부터[전부터] 이제 대학 다닐 때도 그렇
고 저는 사회 돌아가는 거는, 어떤 쪽으로 물어보시는 건지. '정치
쪽으로는 좀 바뀌어야 된다. 너무 고인 물은 썩는다' 그런 생각을

많이 해서 대통령 선거나 뭐 국회의원 선거할 때 거의 그런 쪽으로 다 제가 투표할 때는 제가 저거[투표권] 행사를 했었구요. 이제 저는 어렸을 때 성당을 다녔거든요. 저희 아버지, 어머니도 또 다니셨고 할머니도, 할머니 때서부터 다녔었는데.

면담자   어우, 성가정[성모 마리아, 요셉, 예수로 이루어진 거룩한 가정]이셨네요.

하용 아빠   예. 근데 제가 대학교 때까지는 그래도 집에 왔다 갔다 하면서 [성당을] 좀 많이 다니다가, 직장생활 나오면서 현장을 돌아다니면서 일을 하게 되니까 일부러 찾아다니기 힘들어지더라구요. 거의 한 13년을 그 현장 쪽에서만 일을 했었거든요. 그래 갖고… 어떨 때는 한 달, 어떨 때는 6개월, 한 1년, 10개월 이렇게 계속 돌아다니는 일이다 보니까… 많이 뜸해지게 됐죠. 근데 결혼도 성당에서 할 정도였으니까. 저희 형제들은 다, 저도 그렇고.

면담자   어머님도 그러면 교인이시고?

하용 아빠   집사람도 영세받고, 예. 근데 이제 용인에 있을 때는 몇 번 이렇게 성당을 집사람이 갔었는데, 저는 현장 다니니까….아 좀 안 맞았죠, 집사람은 결혼할 때 저걸[영세] 받은 거고, 저는 계속 저걸 했었고. 좀 얘기가…….

면담자   아뇨, 아뇨.

하용 아빠   정리가 안 되게 자꾸 얘기를 해서.

면담자　　　너무 지금 잘해주고 계십니다. 그러면 아버님은 대학 다니실 때는 뭐 따로 동아리 같은 건?

하용 아빠　　　대학교 다닐 때는 제가 운동을 좋아해서 태권도 서클을 동아리를 했었구요. 그때 당시에도 저는 운동 자체를 좋아해서 뭐 공 갖고 노는 거는 뭐든지 다 좋아했었고. 많이 참여하는 쪽이었었고.

면담자　　　되게 활발하신.

하용 아빠　　　예. 같이 어울려서 이렇게 노는 걸 되게, 사람들하고 어울리는 걸 되게 좋아했었던.

면담자　　　그럼 지금 둘째가 아버님이랑 성격이 비슷한 거군요?

하용 아빠　　　예. 밤에도 가서 친구들하고 농구하고 오고 공 차고 오고 그러더니, 요새는 이제 조금 날씨가 추워지고 그러니까 좀 덜 하는 편이고. 거의 성격은 막내하고 둘째가 제 성격을 좀 많이 닮았구요. 어울리기 좋아하고 친구들하고 놀기 좋아하고. 큰애는 전혀 그런 게 안 보여서 어거지로다 [태권도] 도장도 보냈었고. 집에만 있는 게 그래서, 맨날 방 안에만 있고 그러면은 좀 건강상 문제가 되지 않을까 싶어서 일부러 도장도 보냈고.

6

수학여행 가기 전의 상황

면담자   수학여행 얘기로 좀 돌아가 보도록 하겠습니다. 2학년 때 이제 수학여행 가게 되는데요.

하용 아빠   예.

면담자   가기 전에 수학여행에 관해서 좀 이야기를 나누셨던 게 있으셨나요?

하용 아빠   예. 하용이는 "수학여행 굳이 가고 싶지 않다, 안 가도 되면"[이라고 했어요].

면담자   예.

하용 아빠   그 얘기를 해갖고 제 생각이 그랬었어요. "그것도 하나의 추억인데, 살아가면서 수학여행도. 왜 안 갈려 그러느냐? 돈 없어서 안 보내주는 것도 아니고, 그런데" 그러니까 "그냥 별 재미없어요. 제주도 갔다 온 데고". 어렸을 때도 제가 데리고 갔었고 그러니까 애가 이렇게 저거 한 거를 그렇게 좋아하지는 않아요. 자기 시간을 갖는 걸 좋아해서, 그림 그리고 저거 한 거를 좋아하니까. 그때 당시에 또 학원을 다니게 해줬으니까 학원에서 그림 그리는 게 좋고 배우는 게 좋다 그래서, 굳이 수학여행 가고 싶지를 않다 그러더라구요. 그래 갖고 집사람하고, 그래도 저는 뭔 일 있으면 애에 관한 건 집사람하고 둘이 상의를 해요. 이렇게 "그래도 고등학교 다니면서 추억인데 같이 친구들하고 갔다 오는 게 좋지 않겠냐 여보?", 또 집사람한테 "얘기해라, 내가 오면 얘기를 하겠지만 시간대가 맞아서 마주치면 얘기를 하겠지만, 당신이 좀 얘기를 해서 그래도 살아가면서 추억인데 그거라도 사진이라도 남기고 친구들과 같이 여행하는 게 나중에 기억에 남을 거다" 그래 갖고 보내게 됐죠.

면담자　　　아버님은 주로 하용이랑 직접 대화는 거의 없으신 것 같네요.

하용 아빠　　왜냐면 시간대도 그렇고.

면담자　　　아버님을 좀 무서워하거나 그래서 그런 것도 있었나요?

하용 아빠　　제가 [하용이] 어렸을 때는 예, 좀 엄마한테나 이렇게 할머니들한테 예의 없게 굴면 제가 혼내켰었거든요. 왜냐면 오냐오냐하면은 너무 저거 할 거 같아서 아닌 선에서는 회초리로 때리기도 하고. "너 잘못했어, 잘했어?" 이러고. 주로 혼내키는 건 저였었고 보듬는 건 집사람이 했었으니까 이제 그런 면도 있구요. 어렸을 때는 그렇기[그렇게] 저를 무서워하거나 그렇지는 않았었어요. 잘못을 했을 때만 혼내는 쪽으로 했으니까. "왜, 아빠가 너 미워서 하는 게 아니라 이거는 하지 말라는 건데 왜 잘못된 행동을 하냐?" 그러면서 혼내켰었으니까. 다만, 글쎄요… 애가 받아들였을 때는 또 조금 차이는 있겠지만, 그래도 같이 애하고 놀아주고 그럴 때 좋아했었고. 또 "니가 형이니까 동생한테 좀 양보하고 저거 하는 것도 있어야 된다. 동생이 어리니까, 떼쓰고 이러면 니가 져주기도 하고 그래야 되는 거다, 형이 돼서는"[이라고 하면, 하용이는] 또 그걸 받아들이는 쪽이었었고.

면담자   그래서 결국 수학여행을 가기로 됐던.

하용 아빠   그, 아이는 가고 싶어 하지 않았는데, 그래도 추억이니까 다녀오는 게 좋지 않겠냐 해갖고 집사람하고 저하고 얘기를 해서 다녀오게 됐죠. 갈 때도 이제 집사람이 여행 가방 챙겨줄 때, 옷가지며 이렇게 새로 사준 것도 있었고…. 그렇기[그렇게] 될 줄은 몰랐죠, 다시는 못 돌아올 길을 갈 줄은. 근데…… 지금에 와서는 '괜히 보냈나, 본인이 안 간다 그런 걸' 그 생각할 때가 많죠, 저는.

면담자   친구들이랑 지내는 것보다 혼자 있는 걸 더 좋아했고요.

하용 아빠   혼자 자기 하고 싶은 거 하는 거를 많이 선호했죠.

면담자   아버님께는 하용이가 존대했습니까?

하용 아빠   그냥 다른 아이하고 비슷했어요. '아빠, 아빠' 하면서 하는 쪽으로. 커서도 인제 고등학교 다니면서 거의 "아빠" 하고서는, 학원 끝나고 와서 안길 정도로. 나름 저나 집사람한테는 이렇게 그 덩치에 또 애가 90킬로가 넘었었으니까… 저한테 안기면 제가 이렇게 안아도 이게 다 안 돌아갈 정도로다 살이 좀 찐 편이라.

처음에는 학원 보내기 전까지는 도장을 계속 보냈거든요. 어릴 때부터 시작해서 그래서 3단까지 하고, 이제 4단까지, 태권도 4단까지. 고등학교 3학년 때까지 하면 4단까지 된다 그래서, 애가 너무 활동을 많이 안 하고 그림만 그리고 방에서만 생활하고 먹는 걸 잘 먹었기 때문에 체중이 너무 붇는 것도 제가 걱정이 돼서 계속 운동을 시켰었거든요.

면담자   다행히 운동하는 건 즐겼던 모양입니다, 그래도.

하용 아빠   이제 다니던 도장에서는 교범이라 그래서 이제 밑에 애들, 새로 시작하는 애들 가르키기도[가르치기도] 하고, 그런 쪽으로다 많이 했었죠. 안산 와서 처음에 아는, 동네에서 알게 된, 장사하면서 알게 된 형님이 태권도 도장을 하다 쉬고 계시는 분이 있었어요. 그분 통해서 인제 도장을, "여기 어디로 보냈으면 좋겠냐?"고 그랬더니 "학교에서도 가찹고[가깝고] 버스도 봉고차도 운행하고 그러니까 거기가 괜찮을 거 같다" 그래 갖고 보내기 시작해서 계속 다녔었죠.

면담자   그러면 아버님은 뭐 수학여행 공문이랄까, 아니면 뭐 사전에 배 타고 갈 거냐, 비행기 타고 가냐 설문조사 이런 것들에 대해서는?

하용 아빠   이제 거의 그런 것 쪽에서는 집사람이 인제 그런 걸 받아 보고 하는 쪽이었었으니까. 왜냐면 아침에도 밥 챙기고, 저녁 때도 여자들은 좀 일찍 들어가는 쪽으로 해서 가서 애들을 챙겨야 되는 상황이니까. 형수도 그렇고 저희 집사람도 그렇고. 그래서 제가 들어갔을 때 집사람이 물어보길래, "배나 항공이나 다 괜찮을 거 같다" [그랬죠]. 제가 인제 제주도 3년 있으면서 저도 인천에서 뭐 차량하고 자재 좀 싣고 여객선 타고 내려가 보기도 해서. '그것도 괜찮을 것이다' 그렇게 생각해서, "학교 편한 쪽으로 해서 당신이 선택해서 해라. 비행기 타도 상관없고 배 타도 상관없다" 그런 식으로 했었죠.

면담자　　　전날 따로 아드님이랑 이야기하신 건 없으셨구요?

하용 아빠　　　전, 그 수학여행 가기 전날… 이제 전날은 "친구들하고 재미있게 놀다 와라. 고등학교 추억이니까" 그 얘기한 거 그거……. 따로 뭐 특별하게 얘기한 거는 없었어요. 워낙 제가 늦게 들어가고 그러니까, 그때 와서. "재미있게 놀다 와라", 그 얘기한 게 다인 거 같아요.

7
사건 당일의 기억

면담자　　　이제 당일 얘기를 좀 여쭐 텐데요. 16일 사건 소식 들으셨을 때부터 진도 내려가실 때까지 상황을 가급적 자세하게 말씀해 주십시오.

하용 아빠　　　그, 저 같은 경우에는 사건 당일에는, 전날 이제 아이하고 "친구들하고 재미있게 놀다 와라" 해놓고 제가 일이 있어서 용인 쪽에 먼저 내려가 있었어요. 용인 쪽보다 좀 더, 딴 데를 들렀다 용인으로다 아침에 오는 상황이었고, 예. 저는 처형네 집에, 이제 장모님하고 처형이 같이 살아서, 제가 먼저 도착을 했고요, 처형네에. 근데 TV를 보고 있었고 집사람은 나머지 둘째하고 셋째를 챙기고 학교를 보내놓고 인제 용인으로 버스 타고 오는 걸로다 되어 있었어요.

면담자　　　원래 계획이?

하용 아빠　　　예. 그래 갖고 저는 처형네 도착해서, 처갓집 그쪽에 도착해서 앉아서 이제 이렇게 TV를 보고 있었고, 일찍 도착해서. 그리고 집사람은 인제 집에서 저거[준비] 하고, 출발할려고 그랬었던 거구요. 그래서 갑자기 전에, TV 나오기 전에 집사람이 학교에서 먼저 "사고 났다"는 그런 얘기 듣고, 저거를 다 해놓고 집사람하고 전화 통화를 하는데, '전원 구조' 얘기가 나왔었잖아요? 다 구조된 거마냥 저거 해서 얘기가 돼서, 저도 TV를 용인에서, 이제 처형네 집에서 틀고 보는 상황인데…. 상황이 좀 이상해져서, 언론 나오는 거하고 처음에 좀 틀려지더라고요. 근데 집사람이 이제 버스타고 오는 중이었었고, 예. 그래 갖고 방송을 보다가 거의 집사람이 도착할 때가 됐는데, 아닌 거 같더라고요. 이게 그래도 가서 '만약 저거 했으면은 데리고 올라와야 되겠다' 싶어서 집사람하고 바로 인제 제 차 끌고 용인으로다, 용인에서 안산으로다 넘어오게 됐죠. 그러면서도 상황이 이상하니까 '그래도 가서 확인해 보고 올라와야 되겠다' 싶어서 집사람하고 와서… 다시 안산으로 와서, 그 학교로 먼저 가게 됐죠. 그래 갖고.

면담자   그때가 그럼 몇 시쯤?

하용 아빠   시간대까지는 제가 정확히 기억이 안 나구요. 한참… 8시에서 9시 정도인가요? 그 정도는, 9시에서 10시인가 그 정도 된 거 같아요 그래 갖고. 9시에서 10시 정도 된 거 같아요, 시간대는. 이제 넘어오는 시간이 한 30분에서 40분 정도 걸려요, 용인에서 오는 시간이 안산으로. 그래서 출발해서 여기 도착해서 학교로 바로 가갖고 보니까 상황이 이상하게 되는 거예요. 그래 갖고 뭐 내려가는데 버스가 준비됐다는 얘기가 있고, 먼저 떠나고, 한 대가 먼저 떠나고, 오는 중에 한 대가 먼저 떠나고.

면담자   그런 소식을 접하시게 된 거군요?

하용 아빠   예. 그래 갖고 내려가면서 이게 전원 구조가 아니다 싶고, 인제 얘기 나오고 그래서 경황이 없었죠, 그때 당시에는. 집사람보고 "내가 먼저 내려갈 테니 당신은 여기서 학교에서 남아서 좀 지켜보다가, 응? 지켜보고 있어라" 하고 저는 [진도로] 가는 중이었고. 가면서 이제 TV에, 그 차에도 이제.

면담자   예, TV가.

하용 아빠   관광버스 대절해서 갔으니까 TV가 나오는 거 그거 보면서 내려가는데.

면담자   아버님 혼자 내려가셨습니다, 그렇죠?

하용 아빠   예. 혼자 먼저 내려가게 됐는데… 내려가면서 방송에서 계속 이게 틀려지고, 틀려지고. 가는 도중에도 인제 생존자 학생들은 연락이 되는 애들이 생기더라구요. 그래 갖고 같이 타고 가는데 연락이 되는 사람이 있더라구요, 예. 그래 갖고 전화를 한 건지 핸드폰으로 한 건지 아니면 딴 걸로 한 건지는 모르겠는데, 전화 통화 되는 분도 있고 그래서 '아, 많이 저게 되고 있나 보다. 지금 상황이 그런가 보다' 하구서는 내려가는데 점점, 점점 방송에 나오는 거는, 진도까지 가는 데 한 5시간인가요, 5시간 반 정도 걸린 거 같애요. 뉴스에 나오는 상황이 자꾸 변하니까 마음이 이제 좀 걱정이 되는 거죠. '우리 애 어떻게 되지는 않았나' 그러면서 내려가는데 전화 통화 되는 사람도 있고 그러면서, 그때 당시에는 아무 생각이 없어진 거 같애요. '애가 잘 있나, 잘 빠져나왔나?' 그 생각만 하고 내려가는 거죠. 진짜 내려가는 시간이 되게 답답하게, 더 빨리 못 가나 그 생각만 들면서, 빨리 가서 애 저거를 생사 확인을 해야 되겠는데, 구조됐나 안 됐나 확인을 해야 되는데, 되게 답답하기는 하죠, 마음적으로는. 그때 당시에 도착한 게 5시쯤, 4, 5시 정도 됐을 거 같애요, 제 기억으로는.

　　근데 내려갔더니 생존자 명단이라고 거기에 써 붙이고, 그러니까 확인이, 그 적기 시작하더라구요. 전부 그 명단을 보고 있는데 카메라 기자분인가, 사진 찍기 위해서 툭 치고 가더라구요, 이거 확인하고 있는데. 쳐다봤죠. 명단 확인하고 있는데 주저앉아 울고 있는 엄마도 있고 그런데, 그거 사진 찍느냐고. 좀 안 좋게 봤죠. 아니, 지금 이런 상황에 그 생존자 명단에 없다 그래서 먼저 와서 확인해 주고, 애 생사 확인이 안 돼서 울고 있는데 그 사진을 찍기, 찍으려고. 저도 확인하고 있는 중인데⋯ '뭔가⋯' 이리 쳐다보고. 저도 애 저거[이름]를 찾고 있었어요. 나중에 확인을 해보니까 그 구조자 명단에 없더라구요. 그래 갖고 '아직 [구조]하는 중이니까 있겠지, 돌아오겠지' 하면서 기다리고 있었죠. 근데 제가, 명단에 없으니까 한쪽에 앉아서 또 적는 거 기다리고 이렇게 쳐다보고 있었어요. 근데 제가 사회에서 만난 친구가 거기 와 있는 거예요. 단원고 다닌대는 건 알았는데, 1학년 때 알았는데. 저희 애하고 같은 반인 줄은 모른 거야, 2학년 때는 같은 반인 거를.

면담자   누구 아버님이십니까?

하용 아빠   준혁이. 안준혁이 아버지인데, 이제 저하고 사회에서 만나서, 이제 친구, 같은 나이고 그래서 친구하기로 했는데⋯ 옆에 와서 있는 거예요. 그래 갖고, 한쪽에 있는 거야⋯ "너는 여기 왜 왔어?" 그랬더니 자기도 그 와서, 이거 때문에 왔다고. 자기는 이제, 친구는 자기 차를 끌고 온 거예요. 근데 저는 운전할 정신이 없더라구요, 그 당시에. 그래서 저는 버스 타고 내려왔는데⋯ 정신이 하나도 없으니까. 운전하고 오다가 사고 날 거 같아서 버스를 타고, 바로 차편이 있는 상태라 제가 그냥 왔어요, 저 혼자 그거 타고. 내려와서 보니까 친구가 있어서 얘기하다 보니까, 그때까지도 아직 저게 되는 상황이었었고. 그래서 '저기에 있겠지, 다 구조돼서 오겠지' 하고서는 이제 많이 바라고 있었죠. 근데 나중에는 이게 안 되는 거더라고요. 그래 갖고 집사람도 "나도 여기 학교에서는 못 기다리고 있겠다" 그래서 집사람도 나중에는 버스 타고, 내려오는 차편 타고 또 내려와서.

면담자   그날 내려오신 건가요?

하용 아빠   예. 다 내려왔던…. 그랬는데 이제 계속 방송에서는 뭐 똑같은 얘기만 하고 있으니까. 그래서 첫날은 그렇게 해서 지나간 거 같아요, 제 기억으로는. 어떻게 됐나 걱정하면서, 애 태우면서. 둘째 날은 도저히 안 될 것 같아서 가족들이 배를 타고 현장으로 "가보겠다" 해서, 다 가게 됐어요. 배 타고 이제 가족들이 전부 나가봤을 때에 배가 앞쪽 일부분만 나와 있고 나머지는 잠겨 있는 상태가 돼서, 그때서부터… '우리 애가 살아 돌아오기 힘들 거 같다'는 느낌이 들기 시작하더라구요. 배가 그렇게 된 상황에서 살아 나온다는 게… 집사람은 어떻게 생각했는지 모르겠지만, 저는 현장 다니다 보니까 이런저런 사고 이렇게, 저런 걸 많이 봐서…. 대신 속으로는 '우리 애가 살아 돌아오기 힘들 것 같구나' 그때서부터 저는 느끼기 시작했고…….

근데 갔다 오고 나서 현장 접근도 못 하게 하니까 전부 울기만 하고 이제 가족들은 전부 그렇게…. 나중에는 들어와서 많이 저거를 했었죠. 희망은 갖고 있지만 저 같은 경우에는 '저 상황이 되면은 진짜 살아 오기 힘들겠다' 혹시라도 이제 희망 끈을 놓지 못하는 게, 그때 당시에도 이제 뭐 에어포켓 있을 수 있고, 저거 다 한꺼번에 확 들어간 게 아니기 때문에… 가족들이 많이 실낱같은 희망을 갖고 정말 기다리고 있었던 중이었었고.

    그런 와중에 이튿날인가? 국무총리인가 누가 왔다 간 저게 있었을 거예요 아마. 가족들은 그 신음에서 애가 어떻게 생사 불명이어서 그 아픔에 걱정되는, 애가 타고 있는데, 사열하듯이 들어오더라고요. 양쪽에, 진도체육관 양쪽에는 가족들이 전부 늦게도 오고 그래서 다 저거 하고 있는 상황인데. 제가 이게 정확하게 순서대로 되는지는 잘 모르겠어요. 근데 사열하듯이 쭉 들어와요. 그래 갖고 '이게 뭔가?' 하고서는 이렇게 쳐다봤어요. 그랬더니 그 수행원들하고 딸린 지방 관계자들하고 쭉 들어오고, 기자들은 그 가족들이 어떻게 됐는지, 아파하고 있는데 촬영을 하겠다고 그 사이를 뛰어다니면서 하고. 꽉 차서 그 들어가더라고. 그래서 그때 당시에도 가족들이 화가 나[서] 이게 뭐하는 거냐고 물병도 맞고[던지고] 그랬잖아요. 그것도 발생을 했던 거고. 제 상식으로는 납득이 안 가더라고요. 아니, 지금 재난 현장에 와서 뭐 어디 사열하는 것도 아니고, 무슨 행사에 이렇게 해서 참석하면서 세리머니로 이렇게 저거 하는 것도 아니고. 거기에 진짜 그 중간 통로를 꽉 채울 정도로다 주욱 들어오는데 '저게 뭔가' 그 생각밖에 안 들더라고요.

면담자   뭐 이의 제기를 하시거나, 강하게 뭐. 그런 건 안 해 보셨습니까?

하용 아빠   일부 가족들은 뭐 하는 거냐고 [항의를 했죠]. 이제 사람들이 앉아서 그 바닥에 이런 까는 거 깔아놓은 상태에서 전부 친척들 다 와서 이렇게 걱정하고 저거 하고 있는데, 그 들어온다고 거기서 사진 찍고 촬영한다고 뛰어다니고. 일부 가족들은 심한 소리를 하지, 이게 뭐 하는 거냐고. 제가 봐도 이해를 [못하겠는 게], 지금 이 상황에 어디 뭐 국군의 날 행사하듯이 사열하듯이 쭉 수행원들 하고 다, 거기에 또 [기자들은] 그걸 찍겠다고 가족들 있는 사이에 앉는 매트리스 위를 밟고 지나다니면서 사진을 찍고 있고… 좀 제 상식으로는 납득이 안 가는 일이었었구요. 그런 일이 좀 많았죠, 여러 가지로. 가족들, 이제 가족들은 저희 반 같은 경우에는 엄마들이 서로 다 누가 누군지 모르니까 누구 가족인지 모르니까, 저거 해서 [누군가 우리를] 염탐 보고 이런 거 해갖고…. 나중에는 저것도 했었거든요. 서로 다 빨리 보안을, 서로 다 연락 취하자 이런 식으로.

면담자   카톡으로 이렇게 단체방 같은 걸 만드셨던 건가요?

하용 아빠   예. 예, 그때까지는 이제 밴드방 같은 거로.

면담자   아, 밴드방. 예.

구조 작업 상황에 대한 왜곡된 보도 내용

하용 아빠   제가 제일 지금 정국[에 대해] 이제 실망을 느꼈던 게, 언론하고 실망을 느꼈던 게 3일째 제가, 그 크레인인가 왔었죠? 그 래 갖고 3일째인가 와갖고, 그 뭐⋯ 일찍 애들 구조하는 저기 아니 고 그건 인양 쪽으로 온 거잖아요? 그래 갖고 하도 언론, TV에 나 오는 거하고 얘네들 말이 답이 없으니까, 어떻게 한다는 답이 없으 니까, 거기 [사고 현장]에 그 관계자가 들어간대요. 그래 갖고 가족 들 몇 명이서, 일고여덟 명 정도 됐나? 그때 어디 기자인지는 제가 잘 기억이 안 나요. 근데 기자 한 명하고, 그 해경선 타고 현장에 들어가게 됐어요.

면담자   아버님이요?

하용 아빠   예. 그 뭐 기술자로, 인양 기술자인가 크레인 뭐 저 거 해서 작업에 대한 기술자라 그러는데, "우리가 내용을 좀 알아 야 되겠다" [그러길래, 가족들도] 어떤 작업을 할 건지 알고 싶어서 그 '우리도 같이 들어가자' 그래서 거기[해경선] 안에 들어가, 현장 에 또 나가게 됐어요. 3일째. 그래서 집사람보고 "당신, 기다리고 있어라. 내가 좀, 일 좀 보고 와야 되겠다. 그냥 가만히 기다릴 수 는 없으니까" 그래서 해경선을 타고 현장을 나가게 됐어요.

나갔는데, 처음에는 그 크레인 작업하는 거에 대해서 어떤 방 식으로 할지 그런 식으로다 얘기를 한다 그러더라고요. 그래 갖고 들으러 거기에 현장에 다 도착했는데, 이제 파도가 조금 일렁이는 쪽이었었어요, 좀 세게. 근데 뭐 저희 가족까지 들어가고 저거 한다고 그래서 그런 건지, 접안을 해서 하면은 그 뭐라 그런가? 뭐 왔었잖아요. 거기 저번에 저, 올라가서 회의를 한다고 그러길래 "우리도 들어간다" 그래 갖고 쫓아간 거잖아요, 같이. 근데 [현장에 가니까] 기술자라는 사람이 "위험해서 못 올라가겠다" [그러더라구요]. 가족들이 그랬거든요, "우리가 먼저 올라가겠다. 팽목으로 가라. 그래서 어떤 얘기를 할 건지, 어떤 저기인지[상황인지] 우리가 알고 가야 되겠다" 그래서.

아, 인제 그래서 가서, 인제 가게 된 계기가 그런 식으로 해서 가서 했는데, 파도가 좀 있으니까 일렁이니까 이게 좀 셌거든요. 그랬더니 뭐 "자기는 위험해서 못 올라가겠다" 그래서 현장에서 이렇게 지켜보게 됐어요, 그 사고 현장을. 그 TV에서 나오는 그 정동남 씨인가요?

면담자   예.

하용 아빠   그 왜 여기 이마에 점 붙으신 분.

면담자   예. 민간 잠수사로도 활동하신.

하용 아빠   예. 해경선을 타고 있는데 이제 한 5시간가량을 제가 기억으로는 그 현장에 있었어요. 근데 정동남 씨도 왔다 갔다 하고, 자못 돌더라고. 그래 갖고 저게 뭐 하는 건가? 구조를 한다고 그러는데 배 주변에 사람들만 계속 도는 거예요, 저거만. 그래서

아니 잠수하는, 저 구조할려고 잠수사 들어간다 그러니까 언론에
도 계속 뭐 몇백 명이 투입이 되고 저거 하고 나왔었잖아요. 근데
실제로 제가 5시간가량을, 5시간 반인가 5시간 정도 그사이일 거
예요. 지켜보는 와중에서는 잠수사가 한 명이 들어가요. 근데 조금
있다 나와요. 그러면 다음 들어갈 사람 준비해서… 그게 다였었어
요. 실제로 구조 작업을 한다는 거 자체는.

면담자   한 팀이 움직이는 것만 보셨네요?

하용 아빠   예. 한 팀이에요. 딴 주변에, 딴 그 뭐 구조에 투입됐
다는 배들은 주변만 도는 거였었어요. 실질적으로 잠수사 들어가
는 거는 한 명이 들어가요. 들어갔다 나오면 다시 한 명이 그대로
들어가고. 그것만 했었어요, 그런 식으로 5시간 반 동안. 근데 제가
이렇게 돌이켜 생각해 보면은, 그때 당시에는 떠오르는 시신 건질
려고 배는 주변에 도는 거예요. 구조 작업을 한 건 아니에요. 제가
그때 당시에도 아니, 답답하게 느낀 게 한 명이 들어가고 한 명이
나와요. 그게 다인데. '아니, 들어가는 시간도 얼마 안 되는데 그거
뭔 작업을 하는 거지?' [하는 생각이 들더라고요].

근데 전날도 구조 인원이 몇백 명이 투입, 배가 몇 척, 뭐 잠수
사가 몇 명… 다 투입됐다 그러는데 실제 나가서 보니까, 하고 있
는 작업은 실제로 물속에 들어가서 잠수하는 한 명만 들어가고 그
다음에 한 명, 또 나오면 한 명 이런 식으로 한 건데. '저게 몇백 명
이 투입된 저건가? 이게 뭐 하는 건가?' 그 생각이 확 들었죠. 3일

째 나갔을 때는 그 부표 해놓고 제가 현장에 도착했을 때는 [세월호 는] 가라앉았었고, 제 기억으로는. 그래서 이제 뭐 완전히 바닥으로 가라앉은 게 아니고, 인제….

면담자   예, 수면 아래로.

하용 아빠   예, 수면 아래로 내려간 상태고. 근데 그걸 지켜보면 서 5시간을 생각한 게 다 그거예요. '이건 구조를 안 하고 있는 거 네' 그 생각이 드는 거예요. 배가 가라앉기 전에, 가라앉지 않게 부 력재를 달든 뭐를 했었으면 바로는 안 가라앉았을 거 아녜요. 그래 놓고 구조를 해야 되는데, 전날 갔을 때는 앞부분이 돌출이 돼 있 었던 게 그다음 날 가서 가라앉았는데, 아무것도 한 게 없는 거예 요. 주변에 배만 도는 거예요. 뭐 고무보트서부터 이렇게 돌기만 하는 거예요. 시신이 떠올라 왔을 때 건질려고.

가족들은, 그때 당시에 나갔던 분들도 그렇고 전부 배가 일렁 이니까 뱃멀미하는 분들이 많았었어요. 그래서 그거 지켜보다가 울고 저거 하다가 그 해경 배 밑에 보면 이렇게 선원들 이렇게 자 는 데, 휴식 취하는 데 이제 덜 저거 하니까 그쪽으로 많이 내려가 계셨고, 저하고 한 사람만, 지금은 누군지 이름은 기억이 안 나는 데 같이 나갔던 분 중에서 한 분만 그걸 지켜보고 있었어요. 제가 5 시간 보는 동안 본 거는 그거예요. 잠수사 한 명 들어가고 그 사람 이 나왔을 때 조금 있다가 한 사람 들어가는 거. 이게 언론에 나오 는 거하고, 그렇게 저걸[구조] 한다 그러는데 틀리는구나. 나와서 가족들이 얘기한 게 그거예요. 잠수사 몇백 명이 투입됐는데 어떻게 하고 있다 하는데 우리가 나가서 본 건 그게 아니거든. 그래서 가족들이 방송, KBS 와도 그다음에 SBS, MBC 다 일률적인 보도만 하고. 근데 실제 그렇게 안 되는데[하는데].

가족들이 '이거 좀 알리자, 이거 언론에 지금 이 현장 상황을 제대로 보도를 안 한다' 그래서 그때 당시에 그 정규 방송은 아니구요, 인제 딴 방송사에 생방으로 띄우자. 지금 언론에서 제대로 보도가 안 되니까 생방으로 띄울 언론만. 그래서 그때 당시에 '하겠다, 생방으로 띄우겠다, 보도를 하겠다' 해서. 제가 매체는 저도 기억을 잘 못해요, 왜냐면 사고 겪고 나서 제 기억력이 많이 저게 돼서. 근데 그때 당시에 그 저기 진도체육관 앞에 이렇게 화면이 있었어요. 거기에다 띄우고 생방으로다 하면은 우리가 방송, 니네 저거 하기로 했다.

면담자　　실시간으로 현장을 보여주면?

하용 아빠　　예, 실시간으로. 예, '상황이 이렇다고 설명을 국민들에게 알려야 되겠다, 이 상황이 아니다, 보도되는 내용이 아니다. 제대로 알려야지' 이래 갖고 그거를 생방을 할려고 연결을 다 하고, 인제 가족 대표가 얘기를 할려고 그러는데 TV가 끊겨버렸어요. 생방으로다 할려 그랬는데.

면담자　　그게 어느 방송사였습니까?

하용 아빠　　제가 지금 그걸… 가족들도 인제, 저는 지금 기억력이 떨어져서 안 되는데 그때 생방으로 할려다 안 됐던 방송이 있어요. 근데 제가 좀 기억이 잘 안 나요. 그 보도가 제대로 안 되니까 가족들이 흥분을 하기 시작했어요. 나가서 보는데, 이게 이렇게 되는 상황인데 보도가 안 되는 거예요. 그래서 지금 이제 돌이켜 보면 저희 반 아빠 한 명이, 그때 당시에는 이제 잘 몰랐는데, "언론 이거 내보내지도 않을 거, 제대로 내보내지도 않을 거 왜 찍고 있냐?"고 "다 나가라"고. 아니, 와서 현장을 다 찍었으면은 현장 상황을 그대로 보도를 해야지 똑같이 일률적으로다 방송만 나가고 있으니 그 저희 반 애 아빠 한 명이 나가라고 환장을 하면서 다 부숴버린다고 해갖고 나중에 다 나가고, 방송사 하나를 해서 그렇게 했는데. [생방을] 띄웠어요, 처음에 자리하고[자리 잡고] 인제 저것까지 다했어요. 근데 가족들이 얘기할 때 되니까 생방이 끊겨버려요.

우리 가족들이 도저히 납득이 안 가는 거죠. "왜 생방으로 띄우는데 이게 그 방송국 위에서 커트가 됐냐?" 그래서 가족들이 "서울로 그냥 올라가자" 해갖고, 올라오게 된 계기도 아마 그 제 기억으로는 그걸 거예요. 그래 갖고 경찰하고 대치하게 된 것도. 왜 보도가 제대로 안 나가냐? 현장 상황 이런데 언론에서는 구조본부에서는 몇백 명이, 방송사에서는 진짜 제대로 구조하고 있는 거마냥 방송이 나오는데 그게 현장 상황이 아니어 갖고 생방으로 띄웠을 때도 이게 얼른 잘리고 그러니까. '이거 우리 현장 상황 누가 막고 있다' 가족들은 그 생각을 하고 진도대교까지 이렇게 오고, 나중에 들으셨잖아요? 그런 일이 발생하게 된 게… 아니, 구조 작업을 하는 게 없으면서 시신 떠오르면 떠오르는 거 건지는 거였었어요. 그 상황에서 언론에는, 사람들이 주로 많이 보는 공영방송, SBS, MBC, KBS, 거의 모든 국민들이 그걸 통해서 소식을 접하고 그러는데, 제대로 보도가 안 되는 거죠.

면담자   그걸 이제 셋째 날 해경선 타고 가서 보시면서 완전히 아시게 되신 거네요?

하용 아빠   그쵸. 들어와서 봐서 '이 상황이 아니구나' 느끼고, 제가 엄마들도 애타게 저거 하다가… 저거, "저기 신호가 왔네, 카톡이 와서 생존자가 있는데" 뭐 이런 소리까지 들으면서 여러 가지 저기에서 하도 여러 가지 일이 있어서 정확한 거는 모르겠는데 기억이 안 나는데, 그런 상황이었었는데. 제대로 안 내보낸 거는 그때 들어갔다 나와서 알고. 그 담당자라고 나와 있는 사람, 정부 측 관계자 담당자라고 나와 있는 사람은 뭐 저거, 인제 뭐 필요한 사항 있으면은 자기가 해결, 조치를 취하겠다고 답변을 주길래 가족이 여러 가지 얘기를 했는데, 제가 셋째 날 들어갔다 나오고 저녁 때 제가 따로 들어갔어요, 제일 늦은 시간에.

면담자   어디를 들어가셨다는 거죠?

하용 아빠   그 관계자한테, 담당자한테. 이름까지는 기억을 못하고, 그때 당시에 체육관에 자기가 책임자라 그래서 나와 있던 사람인데 모든 가족들 뭐 하는 걸 원하는 거를 자기가 수용을 하고 다 했는데, 제가 느낀 건 그랬어요. 3일 돼서 거기서 현장에서 배

가라앉고 저 상황이 된 상태에서 바다를 바라보면서 이렇게 하는 걸, 구조하는 걸 바라보면서 느낀 게… '애들 시신이라도 제대로 건져야 되겠다' 그 생각을 했어요. '살아 돌아오기는 힘들다' 인제 끈을 놓은 거죠 완전히. 그거 장면을 보면서, 현장 장면을. 그래서 한, 제 기억으로는 한 12시 정도인가, 12시 넘어서 1시 사이인가 그 정도 선으로 기억을 하는데 담당자한테, 딴 사람들 인제 다 보면 인제 지쳐갖고 울고 오열하고 그래 가지고서는 다 전부 지쳐갖고 좀 저거 한 시간대였었어요, 인제 힘들어하는 시간인데 들어가서 [담당자에게] 제가.

면담자   일대일로 하셨습니까?

하용 아빠   예. 얘기를 한 게 있어요. "우리 가족들, 나는 이 생각을 한다. 애들 살아 돌아오는 건, 내 자식들이 살아 돌아오는 건 힘든데 힘들다고 판단하는데, 시신이라도 온전히 건질라면은 방법이 그 해역 주변에 어망 치자. 시신 유실 안 되게 방지책 하자" 그걸 제가 처음 얘기를 했어요. 했는데, 분명히 모든 동원 가능한 거 해서 한다고 해놓고, 제가 일주일 만에 애를 찾아서 장례 치르고 진도로 다시 내려갔습니다. 그래서 확인해 본 결과, 제가 얘기하고도 한 일주일이나 더 있다가 그게 이뤄진 거구요, 작업이.

면담자   셋째 날 저녁에 그 얘기를 하셨는데?

하용 아빠   예. 그러니까 그 일주일도 더 걸린 거예요.

면담자   그렇네요.

하용 아빠   예. 그래 갖고 "어떻게 제대로는 한 거냐?" 했더니 그
것도 아니었었구요. 제대로 설치도 안 된 거예요. 제가 사고 치르
고 나서 끝까지 마지막 한 명까지, 수습할 때까지 같이 가자고 가
족들하고 약속을 했었어요, 그때 당시에도. 여기 보도는 안 되고,
'가족들이 끝까지 같이 간다' 그래서 저도 애 추스리고 나서 바로
또 내려갔었어요. 갔는데 거기 나머지 계신 분들한테 물어봤더니,
제대로 안 됐고 설치는 했는데 형식적으로 한 거고… 제대로 안 돼
서 애들이, 인제 저희가 장례 치를 때도 위에, 거리에서 먼 거리에
서 애들이 떠오르고 그랬잖아요. 허면 정부에서 한 게 아무것도 없
다는 얘기죠, 실질적으로다.

　　인제 여기에, 마음 아픈 얘기인데 지성이 아버님 같은 경우에
는 그 동거차도에 저기 밑에 집, 그 대, 저 [집] 빌려주고, 우리가 짐
넣어놓고 그러면 [집] 빌려주고 그러는… [분이 있어요]. 저희는 그냥
'형님'이라 그러는데, 저한테는 저보다 [높은] 연배라 '형님'이라 그
러는데 그분이 기르던 미역 기르는 발에, 미역줄기 거기에 지성이
가 머리가 감겨서 떠오르고. 그러니까 저게[유실 방지 그물망이] 하
나도 안 된 거예요. 애들도 먼 데서 떠오르고. 도저히 이건 납득을
할 수가 없는 거죠…

　　재난 상황이 그 빠른 대처를 해야 될 상황인데, 말만 받아 적어
놓고 시간은 한 일주일 걸려버리고. 뭐 말로는 "최선을 다하겠습니
다" 최선을 다하는데, 가서 제가 3일째 들어가서 확인해 보니까 언

론에는 몇백 명에 잠수사 몇백 명에 구조 인원 몇천, 배 몇백 척에, 뭐 민관군 다 동원해서 하는데, 그거 작업하는 사람은 한 명 들어 갔다 한 명 나오면, 그다음에 한 명 들어가는 거예요, 교대해서.

그런데 어떻게 잠수사가 몇백 명이 투입돼서 작업을 하고 있다 고 보도는 되고, 계속. 우리가 본 거는 그게 아니었는데. 나중에는 이제 그렇게 하면서 가족들이 여러 가지로 저거를 갖게 됐죠. 도저 히 믿을 수가 없으니 작업하는 걸 우리도 알아야 되겠다 싶어서… 정부 측에 해경 쪽이나 이쪽하고 자꾸 만나서 얘기를 하게 됐죠. 근데 저희도 뭐 민간 잠수사분들 만나고 저기를 다 얘기가 되잖아 요 인제. 뭐 그 천막 쳐놓고 했을 때 쫓아다니면서 상황이 어떤지, 이거 들어갔다 나온 사람한테도 물어보고 그거 관련된 정보, 그 '다 이빙벨'이라 그러죠, 그분하고도.

면담자   이종인 씨요?

하용 아빠   예. 그 가족들이 얘기를 해서 "왜 이거 되는 거냐, 안 되는 거냐" 인제 물어보기 시작하는 거죠, 여기저기 전부 다. 그러 면서 들은 얘기 갖고, "이렇게 하면 좀 더 나은 방법이 되는데 왜 답변을 안 하냐?"는 식으로 계속 얘기가 된 거죠.

9
둘째 날과 셋째 날 상황들

면담자　　　얘기를 쭉 한번 흐름대로 해주셨는데요. 벌써 시간이 어느 정도 좀 지나서 제가 간단하게 듣고 지금 추가로 여쭐 것만 좀 여쭤보겠습니다.

하용 아빠　　예.

면담자　　　그 둘째 날 가족 배 타고 나가셨다고.

하용 아빠　　예.

면담자　　　한번… 먼저 그래서 현장에 가보셨잖습니까?

하용 아빠　　예.

면담자　　　그 얘기에 따라서는 배가 큰 배는 아니었기 때문에 가족 중에 한 명씩만 타고 갔다고 제가 들었는데요.

하용 아빠　　아니요, 배가 인제 적은 건 아니었었구요. 인제 그 여객선이죠? 이렇게 차까지 실을 수 있는 그런 배였었어요.

면담자　　　그래서 두 분 다 같이 타고 가셨습니까?

하용 아빠　　예. 집사람하고 저 그리고 다른 가족들도 타고 들어 갔었죠. 오는 중이었, 그러니까 미처 오지 못한 사람도 있었지만, 인제, 와서 그 타고 나간 사람도 있고 못 나간 사람도 있고 그렇고. 저는 모르겠어요, 집사람하고 저하고 둘이 같이 현장을 나갔었어요, 이튿날 아침.

면담자   그래서 꽤 근거리까지 가셨군요.

하용 아빠   근거리까지 이제 가서 볼려고 그랬는데 배는 앞에만 나와 있고 위험하다 그러면서 통제를 했었죠. 그래 갖고 한 몇 메다[미터]인지는 모르겠어요. 실질적으로는 한 200메다나 100메다 선에 이렇게 저거를.

면담자   멀리서 보셨죠?

하용 아빠   멀리서 떨어져서 보는 쪽으로 보고 갔던 상황이고, 배가 거의 잠겨 있으니까⋯ 엄마들이 다 울음이 터졌죠, 그때 당시에는. 사태가 이게 심각하다는 걸 가족들도 그때 다 보면서 안 거고.

면담자   아버님도 그때⋯.

하용 아빠   좀 마음의 저거[준비]를 한 거죠. '좀 살아 돌아오기 힘들겠구나' 그래서 3일째는 저도 뭐라도 해야 될 거 같아서 그 같이 배를, 이렇게 "관계자들하고 들어간다" 그러길래 몇몇 가족들하고 같이 따라 들어가게 된 거고.

면담자   그때 같이 따라 들어가게 된 인원이 몇이었나요?

하용 아빠   그 카메라 이렇게 왜, 이렇게 찍는 렌즈 가진 기자하고 해서 총, 한 일고여덟 명 들어간 거 같아요, 제 기억으로는.

면담자   그러면 유가족분은 그중에서도.

하용 아빠   인제 친인척들이죠. 가족들하고 전부 이렇게 같이
해서 들어간 거죠. 뭐 삼촌 되는 사람도 있고, 제 기억으로는 삼촌
인가 저거[친척] 되는 사람이 같이 들어간 사람이 있었고. 가족들이
몇 분이 해갖고, 다 전체 인원이 한 일곱 명에서 아홉 명 그 정도 선
으로 들어간 거 같아요. 그 배, 해경선 타고. 기술자 이렇게, 뭐 이
렇게 저거 관계해서 뭐 이렇게 회의를 한다고 들어갔던 사람까지.

면담자   해경선에 탑승했던 인원이 한 열 명이 안 되는 거
네요?

하용 아빠   예. 열 명 안 되는, 한 그 정도 선일 거예요. 열 명 안
쪽일 거예요. 그래서 가서, 아까 얘기드렸듯이 현장을 보니까 파도
가 좀 일렁이는 쪽이었어서. 그때 당시 상황이 좀 이렇게 울렁울렁
하는 조류가 이렇게 바뀔 때, 좀 그때였었나 봐요, 지금 생각해 보
니까.

　　그 후에 제가 이렇게 갔을 때도 봤는데, 이렇게, [파도가] 그렇게
심하게는 치지는 않았었는데요. 그때 당시에 이렇게 조류가 뭐 이
렇게 좀 변할 때인지 좀 일렁이는 그런 게 좀 있었어요, 배 자체가
해경선이 큰 거는 아니었었으니까. 너무 인제, 현실은 언론에서 보
도되는 거하고 거기에서 너무 괴리감을 느낀 게 그때 느끼기 시작
하면서. 왜냐면 이튿날 째는 나가서 그냥 보고만 온 거지, 어떤
가…. 작업 상황을 볼 상황이 아니었었잖아요, 내려가서. 배만 돌
고 있는데 일정 거리에서 떨어져서 보라 그래 갖고, 그 상황이었었

지만. 3일째 가서는 그게 아니고 근처 가서 이렇게 작업하는 거를 보고, 그 바다 위에서 정동남 씨를 알아볼 정도로다, 이 타고 다니는 걸 볼 정도로다 [가까이 있었으니까]. ['아이들이 살아 돌아오기는 힘들겠다'] 그 정도로 생각을 하면서 보게 된 거죠.

작업은 많이 투입, 인원은 많이 투입됐는데, 나중에 제가 느낀 건 그거예요. 잠수사 한 명 들어가고 그 사람 나오면 다시 한 명 들어가고 그런 상황인데, 이건 보도하고 정부 측이 얘기하는 거하고 차이가 확 나버리니까. 가족들이 그때서부터는 좀 이게 말도 안 되는 언론 보도고 정부 측 관계자 답변도 이건 형식상으로 하는 거뿐이지, 작업에 대한 진짜 얘기를, 진짜 어떻게 작업하는지 실질적으로 얘기하는 게 아니구나. 얘네들 얘기하는 거는 전체 수치만 많이 해갖고 그다음에 "작업하고 있습니다" 얘기하는 거고. 그거를 3일째 알게 된 거죠, 가족들이.

면담자   셋째 날에는 아마 대통령도 내려왔던 날 아니었나요?

하용 아빠   인제 제가 현장 들어갔다가 그 5시간 동안 있는 상황이라, 오는 건 저는 보지 못했어요. 왜냐면은 그때 왔다 갈 동안 저는 거기 바다에, 현장에 나가 있었으니까.

면담자   갔다 돌아오시니까 왔다 갔다는 얘기를 들으셨군요?

하용 아빠   예, 그런 식으로 된 거죠.

면담자   반끼리 연락을 밴드를 통해서 하시기 시작하셨다고 얘기했었는데, 그게 16일 당일부터 바로 그렇게 되었습니까?

하용 아빠　　아니요. 16일 당일서부터는 안 됐구요. 바다에 갔다 오고, [사고] 현장 갔다 오고 나서 인제 3일째 제가 그 들어갔다 나오고 나서 집사람하고, 그 정도 3, 4일 정도 선에서 이제 그렇게 되기 시작한 걸로 알고 있어요.

면담자　　그때쯤부터 반별로.

하용 아빠　　인제 애들 반별로다 각 부모들 모여서 이렇게 대책 회의라도 하고, 뭐라도 방법을 찾자 [그렇게 된 거죠].

면담자　　4반은 그러면 좀 대책 회의를 3, 4일께부터 시작한 건가요?

하용 아빠　　그 정도 선으로 알고 있어요, 제 기억으로는. 정확하지는 않은데 그 정도 선으로다. 바닷가 들어가고 갔다 와서 이튿날 저녁때서부턴가, 아니면은 3, 4일 그사이일 거예요. 3, 4일 정도 선에서부터 그렇기 움직이기 시작한 거 같아요.

면담자　　그 다른 유가족분들이 많이 계셨는데, 3일째 해경선을 아버님이 타실 수 있게 됐던 거는 어떻게 가능했나요? 그 유가족끼리 협의해서 결정하신 사항이었습니까?

하용 아빠　　그때는 뭐 가족들 저거[협의] 한 게 아니구요. 뭐 이 사람 저 사람 많이 와 있어서. "난 몇 반 누구 아빠다" 해서 이게 딴 [가족 아닌] 사람들이 저게 되니까, 그래서 밴드로다 해서 누구, 누

구, 누구 이렇게 누구 아빠, 누구 아빠 가족들 이렇게 명단 작성해서 누구네 아빠다, 누구다 해갖고 밴드로 다시 [모인 거죠].

면담자   아니, 예. 그래서 아버님이 셋째 날 해경선을 타시게 된 열 명 내외의 소수 인원이 배를 타고 그 근처에 갔으니까요.

하용 아빠   그때 당시에는, 저 들어갈 때까지는 전부 누가 가족인지도 몰랐잖아요. 근데 제가 그 상황을 보고, 이튿날 보고 이제 들어갔는 거 봐서 이렇게, "믿을 수 없다. 우리가 보면서 해야 된다" (면담자 : 예) 해갖고, "우리도 알아야 되겠다" 해갖고 그 앞에서 마이크 잡으시는 분이 "이런, 이런 관계자랑 이렇게 들어간다" 그랬는데, 같이 가실 가족분들 좀 와달라고 하더라고요.

그래 갖고 그럼 "같이 간다. 집사람 여기 좀 있어라" 하고서는 제가 이제 들어갔다 나오게 됐죠. 그래 갖고 그, 저도 그냥 가만히 손 놓고 있을 수가 없잖아요. 그래서 집사람은 인제 여기서 그 상황을 보고, 제가 솔직히 셋째 날 들어가, 이렇게 일 있어서 들어갈 때는 어떤 작업을 하는지 보러 들어간 거예요. 어떤 구조 작업을 하는지 우리도 알고 있어야 되고, 그래야지 가족들한테 얘기해 줄 저거도 있고 해서 들어갔는데 그 상황을 보고 나중에 들어올 때는, 이제 마음으로는 '우리 애 살아 돌아오기 힘들다. 인제 아예 포기를 해야 될 거 같다. 시신이라도 건져야 되겠다' 그래서 저녁때 그 얘기를 하게 된 거죠.

면담자   해경선도 3일째 아버님을 태우고 거기 사고 지역에 들어간 거는 아버님께 순전히 보여드리기 위해서만 간 건 아니었을 거 아닙니까?

하용 아빠   근데 이제 그 관계자 있잖아요. 크레인이나 이렇게 저 배 인양 관계자인 거 같아요. 그 사람이 인제 가서 뭐 "회의를 한다" 그래서, 우리가 그럼, 우리 가족들도 봐야 되겠다.

면담자   그래서 같이 들어가시게 된 거군요.

하용 아빠   예. 어떤 작업을 하는지 [보려고요]. 가족들은 [그때까지] 실질적인 내용을 접하지 못한 거예요. "몇 명이 투입돼서 하고 있다" 그런 것만 그 해경이나 이런 관계자들 얘기하는 것만 듣다가 "아니, 이게 근데 왜 저기 안 되냐? 진척이 없냐?", 왜 한 명도, 그때 당시에 계속 16일서부터 그다음 날 하는데도 한 명도 구조했다는 그, 그러니까 바다로 뛰어들어서 그 생존해서 있는 사람을 수습해 온 것뿐이지 배 넘어가고 나서는 한 명도 생존자 구했다는 얘기가 없었잖아요. 작업은 하고 있다는데, 그 인원으로.

　제가 그걸 보고 좀 해야 되겠다 싶어서 같이 마이크 잡으신 분이 정해서, 가족이, 가족인지 그래 갖고 해갖고 들어갔었는데, 거기[해경선] 들어가서도 저를 가족으로다 생각을 안 하고, 딴 사람인 줄 알고 하는 거예요. 그래 갖고 제가 민증까지 내고서 "나 누구누구인데 내 민증 봐라. 나, 이 사람인데 내 아들이 선택해서, 내 4반에 내 아들이 여객선 타갖고 온 거다". 그때 당시에 원체 사람들이 누가 누군지를 잘 몰랐어요. 그래서 제 기억으로는 3일인가,

3일 지나고 4일. 3일인가 4일 그때서부터 했다는 게 맞을 거예요, 거의.

면담자　그러면 3일째에 그 해경선 타고 현장 보고 돌아오셔서는 가족분들에게 뭐 브리핑을 해준다거나 설명하시는 걸 직접하셨나요?

하용 아빠　아니, 그렇지는 않고. 거기 같이 나갔던, 그 마이크 잡고서 저기 앞에 나와서 얘기했던, 이런 일이 있다는데 우리도 가봐야 되지 않겠냐고 얘기했던 사람이 다시 작업도 안 되고 있고 이런 얘기를 하니까 이제 가족들이 [알게 된 거죠].

면담자　그제서야. 그분도 유가족이신 거다, 그렇죠?

하용 아빠　이제, 그때 당시에 제 기억으로는 그 삼촌인가 그랬을 거예요. 예. 그러니까 작은아버지인가 그렇게 되는 거죠. 그분이 인제 같이 갔다 온 후 그 얘기 되고, 가족들이 "언론 보도 안 된다, 생방으로 띄우자" 해갖고 하기 시작한 거고. "우리가 걸어서래도 올라가서래도 이 사실을 알려야 된다" 하기 시작했던 게 그때서부터인 거 같아요.

면담자　알겠습니다. 일단 그 얘기까지 오늘 하시는 걸로 하구요.

하용 아빠　예.

면담자　다음번 2차 면담 때서부터 이제 아이 수습하는 과정부터 시작해서 얘기를 이어가도록 하겠습니다.

하용 아빠   예, 알겠습니다. 예.

면담자   오늘은 이상으로 1차 구술을 마치도록 하겠습니다. 수고해 주셔서 감사드립니다.

2회차

2016년 12월 27일

1
시작 인사말

면담자   본 구술증언은 4·16 사건에 대한 참여자들의 경험과 기억을 기록으로 남김으로써 이후 진상 규명 및 역사 기술에 기여하고자 합니다. 지금부터 빈운종 씨의 증언을 시작하겠습니다. 오늘은 2016년 12월 27일이며, 장소는 안산시 정부합동분향소 내 기독교방입니다. 면담자는 이봉규이며, 촬영자는 김솔입니다.

2
아이 수습과 장례까지의 과정

면담자   지난 1차에서 말씀해 주셨던 거에 이이서 이제 계속 말씀을 듣겠는데요. 지난번까지, 그러니까 팽목항에서 경험하셨던 일, 그리고 셋째 날 해경선 타고 나가 보셨던 것들, 이런 내용들 전반적으로 좀 이야기를 해주셨는데, 오늘은 아이를 만나기까지 기다리던 상황, 느낌, 나아가서 만나던 그날에 대해서 좀 이야기를 해주시면 좋을 것 같습니다.

하용 아빠   인제 저번에 얘기드렸듯이 3일차 이렇기 나갔다 오면서, 제가 5시간 동안 해역에 있으면서 그 구조 광경을 봤을 때 구조를 하지도 않고 하는 상황이고 이제 떠오르는 시신 수습하는 수순 그런 절차로다 구조 활동을 하는 걸 보고, 이거는 뭐 제 자식이 바닷속에, 그 3일차 나갔을 때는 배가 다 가라앉은 상태였었고. 구조 작업 하는 거, 우리… 한 명 들어가면 한 명 나오는 그런 현상, 그 현장 상황이라, 배에 있으면서 여러 가지 생각을 했어요.

그때 당시에는, '인제는 자식 살아 돌아오기 힘들겠구나. 온전하게 시신이라도 좀 수습하려면 어떨까, 어떻게 할까, 어떻게 해야 될까' 여러 가지 생각하다가, 그 해경선 타고 다시 들어와서 진도체육관으로 왔을 때, 그때 계셨던 모든 부모님들이 아직도 살아 있을 희망을 떨쳐버리지를 못하셨었어요. 이제 에어포켓 얘기도 나오고 여러 가지 하다가 이제 그 "참사 당한 부모님들이 원하는 게 뭐냐?" 그 체육관에 나온 담당자분이 "이제 원하는 게 있으면 얘기해라, 최대한 하겠다". 해갖고 전부 얘기를 했었어요.

그래 갖고 저는 맨 마지막에 한 12시 정도, 제 기억으로는 그래요, 넘어서 제가 들어가서 이제 시신이라도 온전히 수습하려고 그러면 방법이, 천안함 때도 얘기 나왔지만 그물 치고 이렇게 해갖고 시신 유실 방지되는 거를 좀 해달라는 식으로 그 담당자분한테 얘기를 드리고, 그러고 나서 집사람하고 이제 기다리는 거밖에 할 수가 없었으니까, 저희가. 당시에도 계속 뭐 인원이 몇, 똑같은 방송만 나왔으니까요. 인원이 몇백 명이 투입되고 헬기 몇 대, 배 몇 대, 어선 몇 대 해갖고 진짜 대대적으로 작업하는 거 같았었는데, 제가 첫날 보고 왔을 때는 계속하는 거 봐서는 시신 떠올라서 흘러가는 거 찾을라고 그 움직임밖에 없었고. 실질적으로다 구조에 대한 그 전부 해경이나 모든 저쪽으로다 구조하러, [구조]한다고 그러는 인력들이 전부, 하는 작업이 거의 없었죠.

　그래서 집사람하고, 지금 제 기억으로는 진도체육관 2층에 자리를 잡았었어요, 밑에 쪽에 자리가 없어서. 계속 기다리는 저거밖에 없어서 이제 그 와중에 저희 아버지, 어머니, 형들하고 친척들이 또 내려왔었고. 집사람하고는 4일째까지 밥을 못 먹었어요. 뭐 밥 먹어야 된다는 생각도 안 들 정도로…. 어머니, 아버지가 오셔서 그래도 뭔가 하면서 기다려야 되지 않겠냐 해갖고, 간신히 아버지, 어머니 왔을 때 밥 한 끼 먹고, 집사람도 "안 먹는다" 그러는 거 그래도 "애 찾을 때까지는 그래도 우리가 정신 놓지 않고 열심히 기다려야 되지 않겠냐, 제대로" 얘기해서 그때서부터 이제 조금씩 하루에 한 끼, 어떨 때는 두 끼 이렇게 하면서 계속 기다리고 있는 상황이었고.

　그 와중에 7일째인가 6일째인가 제가 기억하는데, 그 인제 수습해 나오는, 시신 수습하는 그 자막에 집사람이 애 수학여행 보낼 때 이제 새로 사서 그 안에서 편하게 입으라고 추리닝하고 뭐 이렇게 짐 싸서 보낼 때 했던 거 얘기했던 거, 제가 기억하던 거, 집사람한테 얘기를 듣고 기억하던 거를, 자막을 보는데 우리 아이하고 비슷하다 해갖고 집사람을 [깨웠어요]. 그때 한 12시쯤 가까이 됐었을 때일 거예요 아마.

면담자　　　낮 12시?

하용 아빠　　아니, 밤 12시요.

면담자　　　밤 12시에.

하용 아빠　　　예. 집사람은 이제 기다리다 많이 지쳐서 "이제 힘들고 그러니까 잠깐잠깐 쉬고 있어라, 내가 보고 있을 테니까" 하는 상황에, 자막에 저희 애하고 그 옷이 나와서 용모가 비슷한 아이가 뜨길래 집사람을 깨워서 팽목항으로다 가서 확인 절차 밟으며 들어가는데. 저 같은 경우에는 집사람이 처음에 [시신을] 보면은 그 물에 빠져서 이렇게 하는 그 시신을 예전에 제가 본 적이 있어서, 집사람이 충격 먹을까 봐 "내가 먼저 확인하고 할 테니 좀 있다 들어와라" [하고] 제가 먼저 들어갔는데.

그때 당시에는 수습된 아이가 둘이 있었는데, 이제 저희 애가 좀 덩치가 크다 보니까 금방 눈에 띄더라구요. 아이, 그냥 발걸음이 그 아이 있는 쪽으로 가서, 저희 아이 있는 쪽으로 가서 이렇게 보니까 맞더라고 근데…. 그래서 그나마 저는 그때 당시에도 못 찾을까 봐 걱정을 했었는데 찾게 돼서, 이제 아이 수습해서 올라오는 와중에 절차가 또 있다 그래서 뭐 목포 쪽으로 와서 조사할 거 저 아이에 대한 저거[DNA], 아이에 대한 저거 진짜 맞는지 틀리는지 확인 절차 밟고 인제 올라올려 그랬었죠.

전날 그 저희 부모들이 얘기한 게 있거든요, 해경들하고. 먼저 찾아서 올라가시는 분들이 그 구급차를 타고 올라왔어요, 아이까지 해서. 근데 날이 좀 따뜻하고 이제 물에서 시간이 좀 지난 상황이라 먼저 올라오시는 분들이 "차에서 냄새 난다. 시신이 이제 저기 되면서" 그런 얘기가 있어서 저희가 "아니, 시신 수습하면은" 그때 담당했던 정부 기관한테 "운구하는 방법을 좀 달리해야 되지 않겠냐? 점점 앞으로 아이들이 더 나올 텐데, 수습될 텐데" 해갖고. 차량, 저기 구급차에 같이 이렇게 올라간다는 게 그분들한테도 힘든 상황이고, 아이 수습한 얼굴 그대로 보면서 온대는 것도 참 힘든 거거든요. 저희 아이 같은 경우에도 눈 있는 쪽이 이제 물에 불어서 수습하는 과정에서까지도 그런 상황이었었고. 그래서 전날 얘기를 했는데, "방법을 이렇게 이렇게 해줬으면 한다", "그럼 조치하겠다" 해놓고, 저희 애하고 몇 명을, 그때 저희가 4반 아이들이 몇 명이 같이 수습이 됐어요. 한 방에서 이제 수습이 되다 보니까.

근데 또 저걸로[구급차로] 갈려고 그러는 거예요. 그래 갖고 저는 집사람이 더 이렇게 오래 보고 있는 게 좋지 않을 거 같아서, "아니, 어제 이렇게 다 얘기가 돼서 운구 방법을, 시신 운반하는 방법을 이렇게 이렇게 하기로 했는데, 왜 이게 안 되고 또 이렇게 되느냐?", 같이 그 수습한 아빠하고 좀 관계자들한테 얘기를 했죠. "여태까지도 계속 거짓말하고 얘기가 진, 뭔 일을 하면은 진행이 안 되면서도 '하겠다 하겠다'만 하고, 왜 이렇게 되느냐?" 그런 언쟁을 하다가, 저희가 "이거 왜 안 되느냐?" 했더니, 나중에는 저 운구차량을 따로 해서 그렇게 해서 올라오게 됐구요. 그 후에 상 치르고 이제 집에 여기 올라와서 상 치르고 나서는 가족들이 한 얘기가 있었어요. 이제 "마지막 한 명 구조될 때까지 같이 가겠다. 다 같이 가는 걸로다 서로 다, 누가 마지막에 나올지 모르니" 그래서 저는 또다시 진도로 내려갔다 왔다 하는 상황에 있었고.

면담자   어머님은 그러면 아버님이 그때 보시고 나서?

하용 아빠   예.

면담자   후에?

하용 아빠   예. 보고 애 맞는 거 확인하고 저도 이제 집사람한테 얘기를 할려 그랬는데, 이제 그 얼굴을 보니까 애를 보니까 저기 한참 생각에 잠겨 있었어요, 제 나름대로는. 근데 집사람이 시간이 좀 지나니까 들어오더라고. "맞다" 이렇게 해서….

면담자   그럼 그다음 날에 목포에 들르셨다가 바로 올라오신 건가요?

하용 아빠   예, 그쵸. 인제 가갖고 그래서.

면담자   그럼 장례는 어디서?

하용 아빠   안산, 제가 정확히, 제가 그 사고 이후로 기억력이 잘 안 좋아져서. 네. 저희가… 본오동 쪽인가 그쪽으로다 이렇게 장례식장이 있었어요. 거기 가서 장례 치르고.

면담자   뭐 장례 치르는 과정에서 특별히 기억나시는 일이라든지 있으실까요?

하용 아빠   예. 특별하게 기억나는 건 없구요, 그때는 경황이 없어서. 다만 그 일반 조문객들, 학생들이나 그런 분들이 많이 오시더라구요. 되게 감사했었고, 아이 가는 길에 조금이라도 위안이 됐

하용 아빠 빈운종

었고…. 그때 당시에, 그 저희 애 반 선생이 왔다 갔다 그러더라구요. 저는 얼굴을 보지는 못해서, 상 치르느라고 보지를 못했었는데, 그 선생님을 알지 못했어요, 얼굴을. 2학년 올라갔을 때 선생님을. 한 아빠가 얘기하더라고요. 이제 같이, 같은 반에서 올라온 아빠인데 [담임선생이] 왔다 갔다고, 봤냐고 그래 갖고. 저는 몰르니까 그러냐고, "나는 얘기, 그렇기 선생님이라고 얘기하는 사람이 없었다"[고 했더니] 근데 아까 왔다 갔다고 [하더라고요]. 근데 그 아빠도 그때 경황이 없는 상태서 조용히 그냥 왔다 갔나 보다 [했어요].

와서 저희 반 나중에 알은 건데, 저희 반 애들 이렇게 톡 하는데, 인제 반톡을 하지 않습니까? 거기에 선생님은 "가만히 있으라"고 그래 놓고 인제 본인만 나와서 상황 살피다가 그냥 [배에서] 나온 거예요. 애들한테 반톡이라도 날려줬으면은 좋았을 텐데 상황이 급해서 그렇게 나왔으면은, 그 부모들한테 "제가 챙겼어야 되는데" 솔직히 그렇잖아요, 자기 제자고 그러면 같이 수학여행 데리고 갔으면 부모들한테 "죄송합니다" 한마디 할 수 있는 건데 본인이 그 담임선생이라는 얘기도 안 밝히고 그냥… 아이들한테서 미안해서 그런지 이렇게 조문만 하고 가고. 추후에는 [선생이] 뭐 [우리] 연락도 안 받고 했지만.

최소한 부모들한테 "아이들 못 챙겨서 죄송합니다" 이렇게 한마디만 해줬어도 조금 엄마, 아빠들이 조금 서운하지는 않았을 거예요. 상황이 급해서 진짜 그 배가 침몰하는 중이니까, "제가 애들을 못 챙겼습니다" 하면은 그 부모들이 뭐라고 할 수 있는 상황은 아니잖아요. 근데 그런 말 한마디가 없었다는 거예요. 그래서… 어떤 부모님들은 감정이 안 좋았죠. 일부러, 그 한 일주일 전에 수학여행 갔다 온 애들이, 수학여행 갔다 오기 전에 일주일 전에 가족 여행으로 제주도를 갔다 온 애들도 있었어요. 근데 "자기가 잘 데리고 갔다 오겠다" 해서 어거지로 한 번 더 간 건데, 저희 아이도 그림 그리고 이렇게 혼자서 이렇게 하는 거, 그거 좋아해서.

면담자　　　별로 안 내켜했죠.

하용 아빠　　　예. 가는 거 별로 안 내켜했는데 그래도 "고등학교 때 한 번의 추억이니까 갔다 와라" 해갖고 보냈는데 선생님이 그렇게 하고 갔다는 거에 대해서 저도 처음에는 좀 기분 안 좋게 생각을 했었죠. 말 한마디가 어려운 건 아니었었거든요, 실질적으로 그때 당시에는. 그냥 왔다만 가고 딴 일반인들은 학생들이나 이렇게 왔을 때, 제가 못 보던 분들도 좀 오고. 근데 경황이 없었죠, 저는. 그런데 밤늦은 시간에 한 아빠가 이제 같은 반 아빠인데 얘기를 하더라구요. "아……" 처음에는 저거 하다가도 '상황이 얼마나 급했으면 제자들 팽개치고 살기 위해서 나왔을까', 그래도 살아 돌아왔으니까 다 이렇기 죽는 거 보면, 살아 돌아왔으면 나중에 왜 이렇게 됐는지 그런 상황이라도 좀 들어봤으면 좋겠는데 연락은 안 되고. 그런 게 좀 있었구요.

면담자　　　오히려 그때 당시에는 더 원망스러우셨을 수도 있겠습니다.

하용 아빠　　　아, 대부분의 부모님들이 많이 원망을 했죠. 왜냐면 생각해 보세요. 일주일 전에 갔다 왔는데 우리 애 갔다 와서 가족 여행 갔다 와서 수학여행 애들 안 갈려고 하고 좀 그렇다 그래 갖고 안 보낼려고 그러는 부모님은 어떻겠어요? 근데 선생님이 "잘 데리고 갔다 오겠다. 안산까지 데리고 오겠다" 해놓고, 그 사고 후에 나중에 찾아봤잖아요. 이렇게 반톡 한 거 애들 핸드폰 수거하면서. 그 상황에서 "기다리고 있어" 하고 선생님은 나와서 상황이 안 좋은 걸 보고 자기만 나와버린 거니까. 만약 구조되더라도 "얘들아 바깥으로 나와" 한마디, 그 핸드폰으로만 했어도 애들은…… 고등학교 2학년이면은 애들이 한참 혈기 왕성하고 운동신경도 좋고 그럴 때잖아요. 그러면 조금이라도 더 살아 나올 수 있는 상황이 됐을 텐데. 선장도 그렇고 선원도 그렇고, 전부 기다리라고 해놓고, 전부 자기네들만 나와버린 거하고 똑같이, 선생님까지도 그랬으니까. 그건 뭐 원망하는 부모님들도 많았었죠.

근데 저는 선생님이 다 굳이 이렇게 못 했다는 거에 대해서는 저걸 하지만, 그래도 다 같이 죽지는 않고, 살아 왔다는 건 살아 와서… 이제 제가 서운했던 거는 그거예요. 이제 사고 관련해서 좀 그 내용을, 죽은 사람은 말이 없잖습니까? 말할 수도 없고. 근데 살아 돌아온 선생님들이 좀 제대로, 상황이 이러이런 상황이었었고. 증언이라도 좀 해주고 말이라도 해줘서, 사고 원인이 어떤 건지라도 좀 가까이 접근할 수 있는 내용, 왜 이 사고가 났는지 그런 거에 대해서 그런 쪽에서라도 도움을 줬으면 부모님들이 원망을 덜하겠

81
2회차

죠. [그런데] 아예 연락이 안 돼버리니까. 지나간 거라 어쩔 수 없고 아이 수습하고 나서 거의 현장에 있을 때 부모님들하고 다 얘기했던 쪽으로, 저는 가만히 있는 것도 그런 거 같아서 집사람한테 얘기해서 진도로 다시 내려갔다, 왔다 갔다 하면서.

3
장례 직후의 활동들

면담자   그때 그럼 다시 내려가신 게 4월 언제부터?

하용 아빠   5월, 5월 초인 걸로 알고 있어요. 왜냐하면 그때 수습하고 제가 장례 치르고 도저히 그냥 가만히, 내 자식 찾았다고 있을 수는 없어서 다시 집사람한테 얘기했죠. "이제 내려가 봐야 되겠다. 아직 남아 있는 애들도 있고". 저희 반 같은 애, 같은 반 애들도 수습이 안 된 애들도 있고 딴 반도 그렇고 많아서, "당신이 이제" 애들이 큰애 밑으로 둘이 또 사내놈들이 있어서, "당신이 좀 애들 챙기면서 있어. 내가 좀 내려가 봐야 되겠어. 그래야지 내 마음이 편할 것 같애" [그렇게 얘기했죠].

그래 갖고 내려가서 진행 현황이나 그때 당시에 물어보게 됐죠. 저도, 제가 "그물망 치자" 그랬는데도 이제 "어망이라도 쳐서 시신 유실 안 되게 하자" 그랬는데, 장례 치르면서 이렇게 며칠 지나면서 시신을 멀리서 찾고 그런 저기 보도가 나오고 자꾸 그러기

도 해서 '내려가 봐야 되겠다 조금이라도. 경황없는 사람들보다 그
래도 수습이라도 하고 했으니까 가서 조금이라도 도움을 줘야 되
겠다' 해갖고 내려가서 상황 보니까 물어보니까 "이거[그물망] 작업
됐냐?" 그랬더니 했다고 하는데, 형식적이고 실질적으로다 그냥 흉
내 내는 거 마지못해서 흉내 내고 있는, 한 5일인가 일주일 정도 지
난 다음에 그것도 됐다 그러더라고요. 그러니까 애 찾고 와서, 저
는 올라와서 장례 치를 때 이제 일부 조금 된 거죠.

　근데 그쪽에 조류가 세다 그러는, 우리나라에서 제일 세다 그
러는 그쪽이라 좀 사고 후에 좀 대처를 잘해서… 지금도 아직도 남
아 있지만 찾는다는 보장은 없잖아요, 지금은. 인양해서 확인하는
작업이지, 거기에 있나 뭐……. 좀 사고 대처가 너무… 아무런 기
준점도 없고 그 컨트롤하는 정부 관계자들 나와서 한다 그러는, 할
거면 사후 처리가 되게 중요한 건데. 다이빙벨을 넣는 그때 당시에
도 얘기 나왔는데 우리는 조금이라도 더 사후 처리를 잘하는 쪽에
서 이걸, 이 방법도 있고 저 방법도 있으니까 좋은 방법으로 해서
좀 빠른 시간 내에 이제…. 살려서 데려오지 못하지만 가족 품에
시신이라도 좀 돌려줬으면 하는 그런 생각을 했었는데, 제가 장례
치르고 5월 달에 갔을 때도 계속 그랬어요, 처리하는 게.

면담자　　　다시 진도에 내려가셨을 때에는 아버님께서 뭐 따로
특별한 역할을 하시거나 그런 게 있으셨나요?

하용 아빠　　기존에 있던 거 물어보고, 또 가서 가족들한테 얘기

하면서 좀 힘이라도 될려고.

면담자   뭐 반 대표 같은 걸 하신 건가요, 아니면?

하용 아빠   아니요, 반 대표 그런 건 안 하고. 진행 과정이나 어디로 가서 물어봤죠, 이런 거. 관계자들한테도 어떻게 진행되고 있는지 그런 거, 수습자 수습 현황 같은 거 보고 같이. 사람들이 수습이 되면서 인원이 점점 주니까 회의 같은 거, 브리핑하는 거 참석해서 "왜 물살이 있고, 조류가 인제 아니면 가는데 수습하기 좋은 시간대인데 안 나오냐" 그런 얘기 이제 하면서. 오래 계셨던 분들은 지치신 분들이 많잖아요.

면담자   그래서 그분들을 대신해서?

하용 아빠   예, 그런 것도 좀 하고. 이제 같은 반 아빠 이렇게 이렇게 하면서 "찾을 거다. 힘내시라"고 그런 얘기 하고. 특별하게 제가 뭐 능력 있어서 제가 들어가서 할 수 있는 일도 없고. 거기서 그런, 그러니까 옆에 있어주는 역할이 그나마 조금이라도 힘이 되지 않을까 싶어서 [내려간 거죠].

면담자   그때 곁에 계시면서 좀 가깝게 된 유가족분들이랄까요? 그런 분들 있으신가요?

하용 아빠   그때 당시에도 전부 경황이 없죠, 이제. 그때 당시에도 누구 아빠, 누구 아빠를 잘 몰랐어요.

면담자   그 당시에는?

하용 아빠　　　예. 근데 다만 일부 몇몇은 이게 수습, 어떻게 하겠다 이런 걸 반복하면서, 이제 만들면서 하면서 엄마가 이제, 엄마 핸드폰으로 된 사람도 있고 아빠 핸드폰으로 된 사람도 있고 그러니까 누가 누군지는 정확히 다 몰랐었어요. 근데 나중에 그 사고 후에 어느 정도 수습이 되고 할 때 이제 저희가 그 지역에 간담회를 다녔어요. 진상이 이렇기 알려지질 않고 언론에 제대로 안 되니[까] 전국 돌아다니면서 알리게 됐죠.

　　　그리고 이거 진상 [규명] 할라 그러면, 특별법 제정에 대해서 그 지역 간담회나 사고 이렇게 저거 해야 되는, 그 현장에 못 와보신 분들이 언론만 보고는 모르니까 그때서부터 가족들이 간담회 같은 걸 많이 다닌 거를 제가 기억해요. 저도 간담회를 많이 다녔었고. 가까운 거리 같은 경우에는 엄마들이 이제 많이 다니는 쪽으로 했고, 버스 타고 왔다 갔다 하는 시간이 1시간 정도 거리까지는 엄마들이 주로 가고. 이제 저 아랫녘 지방 쪽 가는 것은 서너 시간씩 걸리는 데는 아빠들이 좀 많이 갔죠. 저도 그래서 엄마들 가차운[가까운] 쪽에 보내고 저도 전라남도나 경상도 그쪽으로다 남부 도 쪽으로 많이 다녔었고. 하루에 최고 많았던 데가 제 기억으로는 한 하루에, 한 달이면 한 300군데를 돌아다닌 거 같아요, 엄마하고 다닌.

면담자　　　한 달에 300?

하용 아빠　　　예. 하루에 한 열 군데 정도씩 간담회를 지역으로. 그러면서 제대로 좀 밝힐 수 있게. 그때 당시에도 특별법 제정에 대해서도 했고 예, 서명운동도 다니고. 근데 저는 서명운동 다닐 때는 집사람하고 제가 좀 몸이 안 좋아서, 저는 어깨에 시술을 좀 했고 집사람도 허리, 그쪽[진도]에 있으면서 허리가 안 좋아 갖고 장례 치르고 나서 집사람도 의료 시술받고. 둘이 교대로 병원에 있으면서 한동안은 못 하다가, 이제 [시술] 다 하고 나서는 집사람까지 하고, 치료를 하고 나서는 제가 이제 간담회하고 여러 군데를 제 나름대로는 다니게 됐죠.

면담자   5월에 올라오셔서 어머님은 이제 아들 두 분을 또 챙겨야 되니까.

하용 아빠   예, 애들을 챙겨야 되니까.

면담자   그때 그러면 허리 시술도 같이 받으시고 하신 건가요?

하용 아빠   예. 그러니까 서명운동 받을[할] 때, 이제 고 정도 시기에 집사람하고 저는 일정 정도는 공백기가 있었어요, 몸이 안 좋아서.

면담자   예.

하용 아빠   이제 저는 어깨 시술하고. 이제 거기[진도체육관]가 불편하잖아요, 자리가. 그래서…. 집사람도 히터는 틀어놔도 밑에 깔고 저거라도. 경황이 없고 이제 힘든 상황에서 어거지로 버티는 게, 혹시나 놓치지 않을까 해갖고 둘이 교대 교대 TV 보면서, 그 나오는 거 자막 보면서, 우리 애가 나오나 그거 지켜보는 게 일이었었으니까. 장례 치르고 나서 이제 둘 다 몸이 안 좋아서 둘 다 한 일주일에서 한 열흘, 열흘 정도씩은 교대로 한 20일을 이제 활동을 못 하고, 보면 집사람 시술받았으면 제가 또 애들을 챙겨야 되고 그래서. 그거 끝나고 나서.

면담자   그럼 교대로 입원을 하셨던 건가요?

하용 아빠   예. 그 끝나고 나서, 시술이니까 이제 그래도 좀 시간 지나면 움직일 수 있으니까. 그때 이제 딴 엄마, 아빠들은 서명 운동 하고, 저걸 하고 이제 전국적으로 간담회 다니기 시작하기로, 시작하는 시점이어서 저도 가만히 있을 수는 없더라고요. 좀 이게 국민들은 모르고 언론들은 똑같은 얘기만 반복해서 하고 있는 상황이었거든요. 그래서 한동안을 다녔죠. 간담회 다니면서 전라도 쪽, 이제 광주 쪽 같은 데는 내려갔을 때 한번 그 아빠 한 분하고 같이 가는데 조선대하고 전남대인가요, 거기 광주에 있는 게?

면담자   예.

하용 아빠   거기 갔었을 때는 간담회 마치고 이제 저녁 먹고 올라올려고 저녁 먹으러 간 상황에서, 마지막 그 지현이 학생이, 그 부모가 "여기하고 여기밖에 다닌 데가 없는데. 화장실하고 문, 이제 배탈이 나서 다닌 데가 없는데" 수색해 달라 그래서 "화장실하고 두 군데만, 좀 더 한 번 더 수색해 달라 한 번 더 수색해 달라" 여러 번을 얘기한 상황인데, 그 화장실에서 수습이 된 거잖아요, 마지막으로. 그게 수습됐다고 해서, 거까지 갔으면 또 저희가 간담회 다니면서도 그 지역으로 내려가서 가차우면[가까우면] 진도로 또 내려갔다 오거든요. '상황이 또 어떻게 되고 있나', 찾았다 그러길래 다음 날도 광주 쪽에서 또 간담회가 있어서, 내려가서 가족들 얼굴 보고 오기도 하고 어떻게 돼 있는 상황인가, 상황은 어떻게 되고 있나 그런 것도 보고.

남아 있는 가족들이 이미 가족이 점점 줄면서, 진짜 남아 있던 분들은 많이 힘들어했어요. 왜냐하면 나중에는 자기 자식인지 못 알아보니까, 시신이 많이 훼손돼서. 항상 한, 뭐 한 아이 잡고 이렇게 하고, 수습되는 과정에서 점점 우리 아이 아닌가 하면서 확인차 와서 이제 가시는 분들도 있는데, 그 아빠들만 가서 보고 엄마들은 도저히 볼 수가 없잖아요. 그 시간이 경과돼서 시신이 훼손된 상태를 보면. 아빠들도 나중에는 힘들어하더라고요, 그 확인하는 거.

4
하용이 동생들 이야기

면담자   예, 오늘은 그래서 그때부터 이후로 2014년, 2015년, 2016년 해서 주요 사건들 말씀을 제가 드리면, 그때 경험하셨던 것, 그때 느끼셨던 것들에 대해서 여쭤보고자 합니다. 참여 안 하셨으면 안 하셨다고 이야기하셔도 되구요. 그런 식으로 얘기해 주시면 될 것 같은데요, 그 전에 앞서서 제가 한 가지만 더 여쭙고 시작하겠습니다.

하용 아빠   예.

면담자   그 두 아드님이 큰형의 죽음을 어떻게 받아들였는지, 그때 당시에 대해서만 여쭙겠습니다.

하용 아빠   아이들이.

면담자   알았을 것 아닙니까?

하용 아빠   사고 나고, 처음에는 처형이 와서 애들을 봐줬어요, 애 찾기 전까지는. 애들이 밥도 안 먹을려 그러고 애들도 거의 또 큰 상태였었으니까. 애들, 그 애 찾기 한 이틀 전엔가 가서 애들하고 애들한테 "엄마, 아빠, 형 찾아서 올라와야 되니까, 밥 안 먹고 이렇게 하지 말고 좀 애들한테 얘기를 해보라" 그래 갖고 제가 집사람 한번 집에 올려 보냈었어요, 중간에. "갔다 와라, 하루라도 갔다 와라. 내가 보고 있을 테니까" 그렇게 해서 애들 이제, 애들한테 좀 안정을 시키고. 애들도 충격이 많았었죠. 그걸 좀 엄마가 와서 이런저런 얘기를 하고, 집사람이 다시 내려오고 한 상태에서 이틀인가 있다가 찾은 걸로 기억을 해요, 하루인가 이틀 있다. 그 애들도, 동생들도 그 충격으로다 한동안은 말이 없었어요.

면담자   집에서?

하용 아빠   예, 집에서 그렇고. 막내는 좀 어려서 혼자 있는 걸 싫어하더라고요, 애가. 형 저거 있고 나서. 초등학교 그때 그 당시,

지금 중학교 이제 내년에 중학교 들어가는데 막내가, 초등학교 5학년 때인가 4학년 때인가 그 정도 때였겠죠 4학년 때인가 뭐. 애를 저희가 데리고 잤어요, 혼자 있는 걸 싫어해서. 올라와서.

면담자   아, 원래 따로 자다가요?

하용 아빠   예. 둘째 같은 경우에는 그때 당시에 좀 사춘기, 그 사고 이후로 사춘기도 있었고 그래서 여러 가지 사고도 치고 많이 방황을 많이 했어요. 근데 요새 와서는 애가 사춘기 지나고, "자꾸 이제 이렇게 하면 안 되겠지 않냐" 해가지고 얘기를 하고 애를 다독였더니, 요새는 지 동생도 챙기고 이제 좀 많이 정상적으로 많이 돌아왔죠…. 다른 특별하게 저거 한 건 없었고 그런 쪽으로 몇 번 사고를 치더라고요. 그래서 '얘도 힘들어서 그러겠거니' 하고 저는 그냥 받아들이고, 애한테 타일렀죠. "엄마, 아빠 힘든데 너까지 이렇게 하면 되겠냐?" 그랬더니 나중에는 알아듣더라구요. 요새 와서는, 이제 그 과정 겪고 나서는 지 동생도 챙기고 많이 좀 안정을 찾았죠. 막내도 이제 사춘기 접어들 나이인데, 제가 한동안을 이렇게 돌아다닌 상황이, 동거차도도 인양하는 거 지켜본다고 찾아도 가고 그래서 자리, 집을 비우니까. 그 엄마가 해줄 수 있는 선이 있고, 아빠가 해줄 수 있는 선이 있는데 그런 거가 조금 힘들었었죠. 애들도 힘들어했고…. 제가 두서가 없어서 얘기하는 게.

면담자   아뇨, 아뇨. 괜찮습니다.

5
청운동 농성 당시 느낀 점

면담자　　5월 초에 다시 진도로 오셨다고 했는데, 그때부터는 위로 뭐 서울로도 오셨다가 내려가셨다가….

하용 아빠　　왔다 갔다 계속하는 거죠. 이제 뭐 가족들이 국회 가서도 저거[농성] 하고 여러 가지로 했는데. 그때 당시에 참석할 수 있는 거는 제가 어지간하면 참석을 했었고.

면담자　　예. 그러면 5월 8일에 청와대 도보 시위 해갖고 KBS 항의 방문 했을 때도 참여하셨나요?

하용 아빠　　예, 거기도 갔구요. 그 보도국장 김시곤 씨인가? 저거 했을 때도 청운동까지 가서 언론 기자들이 취재를 하길래, "그 방송에도 안 내보낼 거, 제대로 안 내보낼 거 뭣 하러 찍느냐?"[고 제가 그랬죠].

면담자　　요거는 지금 청운동 가 계셨을 때 말씀이신 거죠?

하용 아빠　　예. 보도국장 그 얘기, 그것 때문에 올라가서 청운동까지 가게 된 거거든요. 그때 제 기억으로는 SBS였을 거예요. "방송에 제대로 내보내 주겠다" 해서 제가 언론 인터뷰까지 했었어요.

올라와서 대통령, 국회의원, 정부 관계자 모두 제대로 진상 규명하고 책임자 처벌하고 재발 방지 위해서 저거 하겠다. 그때 당시에는 계속 그 얘기가 나왔었거든요. 그래서 제가 그 얘기 전체적으로 대통령한테 하고, "제대로 진상 규명하고 책임자 처벌하고, 재발 방지를 한다는데 지켜볼 것이다 끝까지", 하나도 안 자르고 내보낸다고 했거든요. 근데 앞에 정부 관계자까지 다 잘라 버리고 진상 규명 하고 책임자 처벌하고, 방송은 그렇게 나가더라고요(웃음). 그래서 '아, 우리나라 방송이 정부에서 통제가 많이 되는구나. 진도에서도 느꼈지만 다 내보낸대 놓고 이것밖에 안 되는구나' 그래서 더 오히려 간담회 같은 것도 많이 다니게 되고 그랬던 거 같아요. 왜냐면 제대로 알릴 수 있는 방법이 직접적으로 만나서 하는 수밖에 없으니까. 언론이 역할을 못 하니까.

면담자   6월에 특별법 제정을 위한 1000만 서명운동 할 때는 아까 말씀하셨던 대로 몸이 안 좋으셔서….

하용 아빠   예. 전국적으로. 아니, 서명운동 할 때 이제 초기에 집사람하고 한 20일 비웠고, 그 후로는 또 참석을 해서 이제 전에도 그렇고 좀 하고. 과정을 조금.

면담자   다른 구술증언자들은 국회랑 청운동에서의 경험들을 많이들 이야기해 주시는데, 아버님은 어떠셨습니까?

하용 아빠   국회 갔을 때는, 저희가 청운동 갔을 때도 그렇고, 대통령 만나자고, 만나달라고 했었던 거 아니에요? 안 만나주잖아요. 본인은 "언제든지 오면은 만나주겠다" 해놓고 상황이 이렇게 되고 있는데 우리는 누구한테 얘기할 수 있는 사람이 없잖아요. 딴 사람들한테 얘기하면은 "그건 제가 할 수 있는 게 아니고 알아보겠다" 소리만 하니까, 대통령한테 직접 저희 가족들이 면담 요청을 하고 "이런 이런 상황 해준다, 그리고 저걸 위해서 하겠다" 그랬는데, 지금 하나도 안 되고 있는데, 대통령이 지시해서라도 좀 제대로 좀 저것 좀 해달라고, 만나달라고 했는데 안 만나줘서 그 단식도 하고 그랬잖아요. 그 언론에 나왔던.

면담자　　　들어갔던 날 첫날은 이제 비 오고 그랬잖습니까?

하용 아빠　　예, 가족들이 비닐 덮어쓰고 그러고 나서 버티고 했었잖아요, 그래서.

면담자　　　그때 아버님께서 개인적으로 당하셨던, 경험하셨던 그런 일들 중에 증언으로 남기시고 싶은 이야기가 있으신가요?

하용 아빠　　제 기억으로는 그게 아닌 거 같아요, 이제 청운동 갔을 때도 그렇고. 진짜 우리나라 그 어딘지는 모르겠는데, 정보 쪽인가 그 계통 쪽 사람들은 참 많은 거 같애요. 진도에서도 그렇고 이어폰 꽂고 무전기 들고 이렇게 하고 하는 사람들 많이 봤었거든요. 그 정도 저거면은 사고 수습하는 것도 그 정도 실력은 돼야 되는데. 청운동 가서 이렇게 보면은 왜 좀 많이 잘못했다 하고선 요주의 인물로 찍히는 사람들은 아예 따라붙어요, 사람들이. 그리고 가는 길도 막고. 왜 이쪽으로 가냐 물어보고. 뭐 밥 먹으러 갈 때도 화장실 갈 때도 그렇고. 사람들이 그 정보부 소속인지, 진짜 대단한 인원들이 다 따라붙더라고요.

면담자   아버님한테도?

하용 아빠   이제 저하고 같은 반 아빠인데, 그 아빠는 인제 마이
크 잡고 저거 계속하니까 요주의 인물인지, 그렇게 본 건지, 가는
데마다 따라붙고 막고. 서로 쫓아오면서 무전, "어디로 가고 있다"
그러고, 앞에서.

면담자   보이게?

하용 아빠   예. 그기[거기] 근처를 맴돌면서 계속 그렇게 하니까,
그래서 더 가족들이 간담회나 저걸 많이 다녔던 거 같애요. 뭐 할
수, 하지를 못하게 하니까. 요번에도 그 사고 이후에도 그렇지만,
가족들이 피켓 시위 하는 것도 못 들어가서 하게 하잖아요. 무조건
막아요. "세월호 7시간이 들어가서 안 된다" 1인 시위하는 건 어디
든지 허용이 되는데도 안 된대요, 무조건 지금도. 가족들이 그런
걸 많이 느꼈어요. '우리는 대한민국 국민도 아닌가 보다, 자식
잃고'.

6
특별법 제정 과정의 경험들

면담자   그 국회에서도 한 120여 일, 7월부터.

하용 아빠   저도 중간에 이렇게 가구, 딴 활동 하고 그랬었는데,

하용 아빠 빈운종

제가 갔을 때도 밑에 저거 하고 깔고 거기서 농성 다 하고 저걸 했잖아요? 근데 아무 소용이 없더라구요.

면담자   국회의원들은, 뭐 만나서 이야기해 본다거나 그러시지는 않으셨습니까?

하용 아빠   만나도, 우리가 이런저런 얘기 해보고 해도, 그때 당시에는 이뤄지는 게 없었죠, 기사화되는 게. 특별법 제정 때도 수사권, 기소권 없이 나중에 도장 찍고 나왔잖아요. 저희 가족들은 그 입장이 아니었었거든요. 수사권, 기소권이 있어야지. 수사권이 있어야지 제대로 진상 규명을 하고, 책임 있으면 있는 사람 처벌도 할 거 아니에요? 그런 와중에 언론에서 수사권, 기소권 주면은 뭐 이런 안 좋은 쪽으로만 보도가 됐잖아요? 근데 실질적으로다 지금 수사권, 기소권 없이 특별법 해서, 거기에다가 벌금 내는 것도, 자료 제출 안 하면 벌금 내는 것도 벌금이 줄어들었잖아요. 그러면 조사 안 하겠다는 얘기죠. 우리가 느끼기에는 그것밖에 없었어요. 조사를 하지 못하게 하는 쪽으로 계속 가는 거기 때문에, 그게 가족들이 계속, 계속 싸울 수밖에 없는 거고. 아니, 내 자식이 죽었는데 원인? 항해사가 저거 미숙해서 했다, 그냥 그거 한 가지로다 툭 던져놓고 끝내고. 의혹 사항이 무지 많은데…. 제가 느끼기에도 그래요. 정부가 덮을려 그러는 거고 언론이 거기에 협조를 한 거고. 대리기사 폭행 때문에 얘기는 나왔지만, 가족들이 되는 건 없고, 속에서 자식 죽고 속 안에 울분이 쌓이는데 언론에서는 제대로 보도도 안 되고, 우리가 하는 거를 반대적으로 잘못된 쪽으로다 보도가 되고, 국민들이 [반대로] 느끼기에[느끼도록] 보도가 되고. 주변에서 그러는 게, 그럼 자기 수사권, 기소권에 대한 언론 보도가 제대로 안 이뤄졌기 때문에, 왜 필요한지⋯ 수사권, 기소권이 없으니. 저희 가족이 갖는 의문점은 제대로 [해소]된 게 없었어요 청문회 때도 그렇고.

실질적으로다 해경 쪽에서도 123정장만 처벌이 됐지 나머지 그 위에⋯⋯. 진짜 꼬리 자르기밖에 안 하니까 청문회 자체에서도 위증이에요. 분명히 마지막 나온 그 화면을 틀어놓고, 제가 청문회도 갔는데, 분명히 "이것 니네 이렇게 하고 내려오고, 갖고 내려오는 물건 내려놓고" 얘기를 해도 "기억 안 납니다" 그러는 거. 다 그거예요 모르쇠. 지금도 똑같이 하잖아요. 그때 당시에는 제대로 저것도 안 되고, 청문회 하는 것도 언론에 제대로 안 다뤘잖아요. 얼마만큼 정부 쪽에서 문제가 있는지는 모르겠는데, 덮을려고만 하고 언론도 통제가 되는 상황이었었고.

방송 3사, 진짜 KBS 1, 2, SBS, MBC 전부 획일적인 보도였잖아요. 지금에 와서야 조금 최순실 사태에 [대해]서는 보도를 하잖아요. 그것도 제가 이렇게 봐서는 물타기 식으로다 이렇게 계속. 사람들 말은 아 다르고 어 다른 거거든요. 그런 식으로다만 되고, 그때 당시에 저희 애들 청문회 이렇게 특별법 제정에 관해서도 할 때도 계속 그 상황이었었고. 저는 그 SBS 기자한테 제가 얘기한 게 있어요. "우리나라 언론 죽었다. 뭐 기자들, 방송사는, 기자들은 국민들의 알 권리를 대변하기 위해서 취재를 하고 저걸 해야지. 내보내지도 않는 거를 왜 와서 하고 있느냐? 당신들 일한다는데 형식으로다 하는 거냐?" 제가 그때 그 얘기를 했었어요. 한 번이라도 모든 방송사가, 우리나라 전체 인구는 뭐 4, 5000만 명 된다고 그러는데 그 사이로 된다는데, 실질적으로다가 방송 보는 거는 아까 얘기 드렸던 KBS 1, 2, SBS, MBC 주 방송사 보는 게 그거, 나머지 방송사 보는 거는 일부구요. 방송사 자체가 똑같이 어떻게 방송, 그 저게 똑같이 나온다는 게 사고 나고서부터. 현장 나가서 봤을 때는 제가 아닌데. 참 답답하죠.

만약, 저희가 그 얘기도 했어요, 가족들이, 만약 우리 애들이 아닌 딴 서울, 응? 도심, 서울에 있는 고등학교에서 만약 이 사고를 겪었다 그러면은 그래도 이렇게 할 것인가? 정부가 대처를 이렇게 했을까? 가족끼리는 그 얘기도 많이 했어요. 왜 가족들이 뭐 안산이 경제적으로 힘들고 그러다 그러는데, 다 열심히 해서 자식들 키우고 먹고삽니다. 다만 경제적으로 많이 부유한 편은 아니니까. 근데 뭐 부족함 없이 자식들 잘 키우고 하는 상황인데, 언론에서는 그것도 이렇게 얘기하는 게 꼭 부각을 그쪽으로만 시키더라구. 모든 사람이 자기 일에 충실하고 열심히 살면은, 있는 자리에서 열심히 사는 게 그 사회 돌아가는 원리라 그럴까요? 그거를 열심히 하고 있는데, 그러면 똑같은 대우를 받아야 되는데, 오히려 아이 잃고… "우리는 대한민국 국민이 아닌 거 같다". 특별법 제정할 때 수사권, 기소권 때문에 저는 주변 지인들하고 언쟁도 많이 했어요.

면담자   예. 그 얘기를 좀 해주시죠.

하용 아빠   본인이 관계된 거를 어떻게 수사권, 기소권을 가족들이 참여하느냐 그러는 거예요, 이 언론에 제대로 비춰지질 않았기 때문에. 우리가 검사가 돼서 특별법 저걸 수사하고 기소하는 그러는 거 아니잖아요. 특별검사를 대통령이 나중에 최종을 통해 찍는 거고. 대통령이 했었지 않습니까? 언론에 보도된 건 그렇기 보도가 잘 안 되잖아요. '정당하게 공정하게 한 치 치우침 없이 할 수 있는 검사를 임명해 달라' 그러는 건데 거기에 수사권, 기소권이 없으면 안 되는 건데, 그때 당시에는 언론에서 제대로 보도가 안 되니까 대다수 국민들이 "그 니네들 마음대로 할 거 아니냐?" 그런 식으로다 생각하게 [만들어버린 거죠].

면담자   주위의 지인분들도 그렇게 이야기하시던가요?

하용 아빠   그래서 "그게 아니다. 특별검사는 대통령이 나중에 낙정[낙점]하는 건데 수사권, 기소권 없이 뭔 수사를 할 거냐?"

면담자   그렇게 얘기했더니 뭐라고 반응하시던가요?

하용 아빠   인제 제대로 좀 생각이 있으신 분들은 알아듣는 분도 있고, 모르는 사람들은 방송만 보고 언론만 보고 "언론에서 아니라고 그러지 않냐? 저렇게 보도 나오는데 왜 니네는 이런 얘기하냐?" 그런 사람도 있고 여러 가지 사람이 있죠. 사람마다 생각이 다 틀리니까. 나중에는 저희가 청문회 하는 거나 이런 거, 저희가

4·16TV라 그래서 방송도 하고 그러잖아요? "관심이 있으면은 제대로 알고 얘기를 해라. 방송하는 거 봐라. 어디 어디에 보면은 볼 수 있는, 내용을 보도하는 쪽도 있으니까 보고 나서 대화를 해라. 지금 유선방송 KBS 이렇게 있고 방송 3사 그거만 보지 말고, 실질적으로다 청문회 하는 거 우리 가족들이 촬영해서 이렇게 이렇게 하고 있는데 틀어보고 해라. 판단을 하고 얘기를 해라" 그런 얘기들 많았었구요. 그 특별법에 가면서 이제 그 수사권, 기소권에 대해서 설명을 해도 못 알아듣는 사람이 있는가 [하면], 알아듣는 사람도 있구요. 여러 가지였었죠 그러면서도 많이……

면담자   예. 잠깐 쉬었다가 계속 질문을 이어나가도록 하시죠.

(잠시 중단)

7
교황 방문과 청운동 농성 당시 경험

면담자   8월 15일에는 계속해서 특별법 제정 촉구하는 도보 행진도 했고 집회도 하고, 범국민대회도 하고 했었는데요. 특히 이때 교황이 방문했었습니다. 예, 아버님도 집안이 천주교라고 하셨죠?

하용 아빠   예.

면담자　　　천주교 집안이셨다 보니까 느낌이 남다르셨을 거 같은데, 그때 경험 혹시 기억나는 거 있으십니까?

하용 아빠　　　저는 그때 당시에도… 뭐라 그럴까 저는 특별하게 저거는 모르겠구요. 이제 자원봉사자나 종교단체들 전부 많은 분들이 와서 저희하고 아픔을 같이해 줘서, 그걸 되게 고맙게 생각을 많이 했었어요. 교황 방문했을 때도 제가 직접 옆에는 못 있어갖고 저걸 했지만, 그래도 외국에서까지 이렇기 와서 해주는데 우리 아픔을 같이해 주고 저걸 하는데, 우리나라의 자체에서는 대통령이 우리를 만나주지도 않고, 언제든지 와서 들어준다고, 오면 들어, 만나주겠다[던] 약속도 안 지키고. 참 우리나라가 이상한 나라다 [싶죠].

　　　어떻게 사고가 일어났으면은 뒷수습하는 과정도 되게 중요한 건데 제대로 뒤처리를 해서 다음에는 좀 더 나은 쪽으로, 그 뭐랄까 재발 방지를 위해서 조금 더 어떤 어떤 대책을 마련해서 기준 매뉴얼이라도 있어야 될 텐데, [법을] 제정하고 해야 될 텐데, '그냥 덮기 바쁘다' 그런 생각이 많이 들더라구요, 제 느낌에는. 뭐 국회의원들 왔다 가도 저는 그래요, 모든 여야 똑같다고 생각을 해요. 자기네들 정치 저것 때문에 왔다 가는 거지. 말로는 아픔을 이해하고 저걸 한다 그러면서도 실질적으로다 움직인 게 없었잖아요, 여야 국회의원 모두.

면담자　　　야당까지도?

하용 아빠　　　예. 야당도 큰 저거를 저는 못 느껴요. 왜냐하면은 우리 가족들한테 분명히 수사권, 기소권 없는 저거에는 도장을 찍지 않고 그냥 자리를 나오겠다 했는데, 박영선 씨가 그냥 찍고 나왔잖아요. 그래 놓고 언론 브리핑한 게 뭐 슬픈 저거다 해갖고 나왔다 하는데 저는 그건 잘못됐다고 봐요. 그래서 이렇게 길어졌다고 보구요. 인양도 지금도 안 되는 이유가 그때 당시에 더 강력하게 해서 수사권, 기소권 있게 했으면 인양도 좀 빨라졌다고 봐요. 지금마냥 계속 들었, 선미 들기 한다고 그랬다가 안 돼서 다시 또 내려놓고, 배 자체를 지금 인양을 할려 그러는 게 아니고 계속 손상을 시켜가고 있는데……(침묵).

면담자　　　그 청운동에서도 농성을 길게 하셨을 때 특별히 기억나는 경험 있으셨나요?

하용 아빠　　　특별히 기억나는 거는 시민분들이 많이 찾아와 주셨죠, 거기도 청운동도. 많이 찾아오서 갖고 가족들 위로도 해주고 이런저런 얘기하고, 힘이 돼주고 같이 함께하겠다는 소리. 제일 가족들이 힘을 받았던 게 "끝까지 같이 저거 위해서 진상 규명하기 위해서 제대로 하겠다, 같이 참여하겠다, 잊지 않고 같이 활동하겠다" 그러시는 분들이 많이 기억에 남고. 아예 그 국정원인가 이렇게 저 정보부 사람들, 아예 진을 치고 살았었어요 주변에. 가족들이 움직일려 그러면 밥 먹으러 갈 때도 "어디로 몇 명 이동한다" 그런 식으로 하는, 구석구석에 있다가 그 가족들 이동하는 거 다 체크하고 딴 데로 못 가게 제지하고 그런 게 많았었죠.

8
여러 활동들에 대한 이야기

면담자   2015년 때 이제 1주기가 다가오면서 이런저런 활동들이 있었는데요. 그때 활동이나 혹은 그 이후에 좀 뭐, 목록에는 여러 활동들이 있긴 있습니다만.

하용 아빠   그, 저는 저거 했었죠. 특별법 제정되고도 진도에 이제 좀 내려갔다 왔다 하고 동거차도 다니고. 가족들은 배, 그 상하이샐비지에 같이 승선을 못 하게 하는 거에 대해서 참, 저는 그렇더라고요. 그 큰 배에 컨테이너 하나 놓고 인양 작업 좀 같이 좀 보자 그러는데도 안 된다 그래 갖고. 가족들 한두 명 들어가서 있는 게, 그 중국인들이 거기에 그 큰 배에 몇 명이 있는데, 위화감을 조성하고 저거 한다고 못 하게 하고. 그래서 가족들이 그 산꼭대기에다 천막 치고 망원경으로다 카메라 담고, '기록을 넴겨야[남겨야] 되겠다. 어떻게 할지를 모르니까, 정부가 하는 거를 믿지를 못해서' [그렇게 하고].

면담자   그럼 동거차도에 처음 천막 만들고 하실 때 처음부터 같이 하셨나요?

하용 아빠   아니 처음에는 못 갔구요 제가. 그 반별로다 돌아가면서 지키자 해갖고 반 아빠들이 교대로 들어갔었죠. 처음에는 교대로 들어가고 요새는 엄마들도 아직까지도 내려갔다 오시는 분들

이 있구요, 교대로. "엄마들도 같이 하겠다" 산 중턱인데 먹을 물에서
부터, 먹을 거에서부터 다 지게로 져 올려가면서. 초창기에는 저희
반 아빠들도 가서 천막 보수하고 뭐 이렇게 진짜 스티로폼 깔고 그
안에서 추운 데서 생활하고, 열악했죠. 지금은 조금 그나마 후원해
주시는 분도 있고 그래서 좀 텐트가 틀려졌죠. 그거 설치하고 나서
는 안에 그 물 차고 이러는 것도 있지만, 환기시켜 가면서. 그나마
지금은 여건이 많이 나아진 편이구요. 처음에 갔던 저희 반 아빠들
은 진짜 비가, 조금이라도 더 앞에 가서 그 작업하는 거 찍을려고
밑에까지 내려가서 절벽 있는 데까지 가서 텐트 치고 있다가 사진
찍다가 다시 올라와서. 진짜 고생 많이 했죠 아빠들이, 제일 먼저
갔던 아빠들이.

면담자   반 얘기를 잠깐 해주셨는데요.

하용 아빠   예.

면담자   반에 유가족분들이랑 본격적으로 같이 지낸다 할
까요? 활동을 같이 하는 게 주로 반 분들이랑 같이 많이 하셨던
건가요?

하용 아빠   그쵸. 왜냐면 전체가 다 한꺼번에 만나서 저거 하기
는 힘들고, 뭔 안건이 나오면은 반에서 의견 취합하고 그러고 나서
이제.

면담자   그게 그러니까 2014년 5월 때 그때부터 바로 그렇게

하셨던 걸로 기억하시나요? 언제부터?

하용 아빠   14년 5월 달은 아니구요. 이제 전국적으로, 이제 올라와서 거의 대부분이 미수습자 저거를 수색 중단을 하고 할 때, 하기 조금 전인 거 같아요. 그 정도 선에서 간담회 다닐 때, 가족들이 이제 간담회 다니고 특별법 촉구할 때, 그때서부터 본격적으로 그 가족들이 반별로 해서 서명운동 다닐 때는 누구는 어디 지역, 어디 지역 나눠서 가게 되고.

면담자   아버님은 간담회 몇 번쯤 다니신 거 같습니까?

하용 아빠   제 기억으로는 횟수는 다 기억이 안 나는데 한 2, 30군데는 다니지 않았을까 싶어요, 전국적으로.

면담자   그중에 제일 기억나시는 게 아까 광주 가셨었던 경험도 얘기해 주셨습니다만.

하용 아빠   제일 기억에 남는 거라고 하면은 그 익산인가요? 전주 쪽인가? 전주 쪽인가 갔을 때가 좀 기억에 남는데. 그 지역 활동가분들이 자기 지역구 의원을 불러 내려서 "제대로 조사해라" 불러 내려서 얘기했다 그랬던 게 참 많이 기억에 남구요. 아니면, 저희가 아무리 얘기해도 안 듣는데 그 지역에서 그 지역 국회의원 불러 들여서 "이거 왜 제대로 저거 안 하고 있냐?" 그런 말 들었을 때. 그 국회의원, 지역구 의원을 추궁해서 "제대로 가서 말해갖고 제대로 하라" 그런 얘기를 들었을 때, 그게 참 기억에 남구요. 소소하게 했던 것들은 많은데, 그런 거에서 많이 힘을 얻었죠, 활동할 힘을. 지역에 간담회 다니면 활동하시는 분들이 끝까지 저걸 해서 같이 함께 하겠다고 하는 분들, 거의 대부분이 그렇게 했었고. 금속노조나 이런 데 가서도 간담회를 많이 진행을 했는데 그 힘든 사정, 임금 체불되고 그런 분들도 있고. 같이 간담회를 다니면서 많이 이렇게 힘들고 그런 분들을 많이 본 거 같아요. 그러면서도 저희 가족들 많이 힘내라고 얘기해 주신 분들도 많았었고. 그런 데서 오히려 간담회 다니면서 마음적으로는 많이 치유가 됐죠, 힘들더래도. 같이 아파해 주고, '함께하겠다' 그런.

처음에는 진짜 특별법이 왜 제정돼야 되는지 그런 것도 주변 사람들한테 얘기하기가 서로 다 소통이 안 되는 상태였었는데, 그 사고 과정 이렇게 화면 틀어놓고, 그 간담회 하면 저희가 준비한 영상이 있었어요, 그때 당시에. 사고 과정, 이렇게 하는 거 틀어놓고. 이제 제가 현장에 있었으니까, "3일째 나가서 이렇게 하니까 잠수사 몇백 명이 투입되고 구조 인원이 몇백 명 투입됐다 이 얘기를 하는데, 절대 그러지 않았다. 내가 현장에서 나가서 봤는데 이렇게 하질 않았었다" 그 얘기를 했을 때, 이제 가족들 뭐, 가족들은 그걸 알고 있었지만 일반인들은 잘 모르는 상황이었었잖아요. 언론에서 보도가 제대로 안 됐고 그랬기 때문에. 공식적으로 몇 명이 투입됐다 그런 획일적인 저것만 발표됐었고. 가족들이랑 저도 그렇고 얘기를 하면은 몰랐던 걸 아시는 분들이 많은, 그러니까 저희가 더 힘을 내고 제대로 알리고 특별법 제정되기 위해서 서명도 다니고,

저거 할 때도.

면담자   그게 간담회에서 그런 얘기 하실 때 반응이 바로바로 이렇게 딱 느껴지시던가 보지요?

하용 아빠   예, 많이. 그러니까 어떤 분들은 우시는 분들도 있고, 그렇게 했는지 몰랐는데 간담회 통해서 많이 알게 됐다 하시는 분들도 많았었고. 또 전라도 쪽 내려가면 이제 광주 쪽이나 이런 데 가면은 거기 분들은 광주 저거 때문에 그런지 몰라도 진짜 그… 얘기하시는 게 "힘 잃지 말고 계속 끝까지 가야 된다. 시간이 오래 걸려도 꼭 같이하겠다" 해주신 분들도 많았고요. 그럴 때 제일 간담회 다니면서 힘을 얻었던 거 같아요.

면담자   음. 그 5·18 얘기하시는 거 같은데요.

하용 아빠   거기 상조회인가 상주회[광주시민상주모임]인가 있더라고요. 그분이 진도 그 팽목항에 마지막까지 자원봉사 해주시면서 이런저런 얘기를 하시고, 또 가족들 힘들 때 옆에서 힘이 되시고 그러시는 분. 끝까지 해주신 분들이 많더라고요. 이걸 지금, 그 최순실 사태에도 같이 활동하셨던 분들이 많이 힘 모아서 서울 광화문에도 자주 오시는 분들도 있었고. 학생들이 진짜 기억에 많이 남아요, 이렇기 지역 학생들, 와서 저거 해놓고. 진짜 학생들은 거짓말 안 하더라고요, 자주 오더라고요.

9
교실 존치 문제에 대한 생각

면담자　　　동거차도 얘기도 좀 해주셨고요 예, 이 얘기를 좀 해야 될 것 같은데요. 2015년 10월에는 교실 존치 문제가 있었습니다.

하용 아빠　　　예. 교실 존치 문제 때문에도 이제 여러 가지 의견이 많았었는데. 저희가 이제 학교에도 그 얘기를 했었어요. "이제 우리 아이들 합동영결식 해야지" 학교에서도 그렇고 선생님도 그렇고 빨리 인양이 돼서 이렇게 했었으면은 교실 문제도 안 불거졌겠죠. 근데 정부 측에서는, 교육청 쪽에서는 처음에는 다 해줄 것같이 하다가 나중에는 이제 학교를 빼는 거에 대한 문제가 나왔, 나오기 전에 저희 가족들은 어? 만약 저희 애들이 졸업하고 나서 저거 되면은 새로 신입생을 뽑아야 되는데. 저희가 교육청에다 얘기를 했었죠 먼저.

면담자　　　먼저?

하용 아빠　　　예. 먼저 얘기를 했었죠. "방안이 있냐?" 그러고서는 "알아보겠다" 하고선 그냥 끝이었었어요.

면담자　　　알아보겠다?

하용 아빠　　　예. 그래 놓고 답이 없으니까, 저희가 그러면 교실을 신축을 해서 하자, 예산은 그 저희도 가족협의회 쪽에서 그 관계자들 만나고 그래서 저희가 뽑은 예산이 한 6, 70억이면은 새로 증축을 할 것 같다 해서, 방안까지 우리가 갖고 갔는데 "안 된다" 해놓고. 인제 나중에 그 관련해서 얘기하는, 교육청 쪽에서 얘기하는 거는 100억이 들어가게 또 예산편성을 해서 하는 거예요. 그러면, "아니, 먼저 우리가 얘기하기 전에 자기네들이 1안, 2안 해갖고 이런 이런 쪽으로다 해서 검토를 하고 있다" 하는 게 아니고. 우리가 먼저 던져놓고, 더 저렴한 비용으로다 할 수 있는 방안을 던졌는데도 "검토해 보겠다" 해놓고 대답이 없다가 예산이 더 들어가는 쪽으로다가 편성을 하는 이유가 뭔지 납득은 할 수 없잖아요, 그렇잖아요? 아무리 저도 세금 내고 저거 하지만, 아니 국민이 낸 세금인데 왜 더 들어가는 방향 쪽으로다 얘기를 하고 하는지 납득이 안 간다는 얘기죠.

면담자   그 이외에도 단원고 다니는 학부모들.

하용 아빠   예.

면담자   다른 학부모들이 또 존치하는 거에 대해서 반발하시기도 하셨습니다.

하용 아빠   그죠. 그 저거[교실 존치]에 같이 저거[동의] 하시는 분들도 있는가 하면 반발하시는 분들도 많았죠. 왜냐면은 뭐… 그 왜 성금 모아서 저거 한 게 일부 단원고로 가서 그 돈이 있어서 여러 가지 그거에 대해서는 말이 많았는데… 애들 다니는 학교가 더 좋아지면 좋죠, 저희 가족들도 그렇게 생각을 했으니까. 근데 제대로 학교가 그 이러이런 사고에 대한 그 선생님들도 대처를 못했던 거 아니에요? 그렇잖아요. 거기에 대한 뭐 안전 교육이나 그런 거라도, 제발 이렇게 나중에 이런 활동 같은 거 아니면은 방안 같은 거라도 제대로 설립을 하고. 이러이런 사고가 있었다는 게 챙피한 건 아니거든요. 그렇잖아요? 다만 그거를 다시 겪지 않기 위해서 이렇게 이렇게 하는 무슨 교육이라도 하고, 그런 방안이라도 내놓고. 애들 죽음이 좀 뭐랄까 경각심을 불러일으키는, 앞으로 그렇지 않게 하는 저것도 될 수 있는 거니까 좋은 저것도 될 수 있는 건데.

　학부형들은 그걸 싫어하는 거 같더라고요. "빨리 빼고, 신입생들을 받고 신입생들은 거기서 교육을 받아야 된다". 근데 저는, 제 생각은 그래요. 제 개인적인 생각일지는 몰라도, '선배들이 그렇기 다 사고를 당한 교실에 신입생을 받아서 아무 저거 없었다는 듯이 한다는 것도 아니다. 교실을 그냥 존치를 하면서 이런 이런 안전매뉴얼 같은 교육의 장도 될 수 있는 거고 그런 건데'. 이제 대부분의 재학생들이나 이렇기 갓 새로 들어오는 가족들은, 진짜 어찌 보면은 저 같으면은 제 자식이 그렇게 사고를 다 당한 그 교실에 그 다 집기만 빼고 새로 해갖고 교육한다 그러면 저는 반대를 할 입장인데.

면담자　　찜찜하다는 이유로요?

하용 아빠　　예, 그런 그런 것도 가질 수 있고⋯ 그런 상황인데. 사람들은 그냥 그거를 못 느끼시나 봐요. 그냥 어쩔 수 없는 거죠, 그건 개인적인 생각이니까. 반발해도 나중에는 저희가 애들 집기를 다 빼냈잖아요. 저는 개인적으로 생각이, 교실 존치를 해놓고 아니면은 따로 학교에 그 교실을 계속 쓸 거면, 바로 학교 내에 이런 일이 있었으니까 안전 교육이라도 할 수 있는 그런 저거라도 해서 좀 교육의 장으로 활용하는 게 더 낫지 않을까. 그게 또 오히려 교육적으로는 잊지 않고 할 수 있는 저것[상징]도 되고, [그렇게 하는 것이] 학교 같다는 생각을 해서. 결론적으로는 다 뺐죠, 예.

10
참사 이후 생활과 경험에 대해서

면담자   참 뜻대로 되지 않습니다. 작년 11월에 또 민중총궐기 대회 때는 백남기 농민 사건도 있었습니다. 혹시 그때 또 다녀오셨는지요?

하용 아빠   그때는 가지 못했구요. 그 전에 얼마 전에 제가 서울 가서 저것도 하고, 이제 백남기 농민 할 때는 못 갔어요. 진짜 언제 적 물대포고 최루탄이고, 인제 저 캡사이신 섞어서… '우리나라가 정치는 거꾸로 가는구나. 국민은 생각이 깨어서 가는데, 거꾸로 간다'는 생각을 많이 했죠.

면담자   작년 같은 경우는 일주일 동안 활동이라고 하면 어떤 식으로 보통 사이클이?

하용 아빠   거의 대부분이 가족회의, 일주일에 그 일주일은 저거 하는 거 활동으로다 하고. 그 가족들이 전부 저거 하는 거죠. 인 양 쪽에 관련해서 하시는 분들 대개 협력하면서 이렇게 왔다 갔다 하는.

면담자   아버님은 어떤 쪽 중심으로 활동을 했었습니까?

하용 아빠   작년까지는 동거차도 다니고 이제 지역에 간담회 다 니고 이런 쪽으로 사고 후에도 이제 다니는 쪽으로 하고. 진도까지 도보 행진을 할 때도 하고. 계속 자리를, 이제 집사람하고 둘이 다 비울 수가 없어서 저는 교대 교대 이렇게 집사람이 좀 집에 있는 게 좀 그런 거 같으면은 "당신이 갔다가, 집으로 갔다 와" 아니면 "내가 가겠다" 이런 식으로.

면담자   아, 그러니까 두 분이 같이 막 나서서 하시지는 않으 셨네요.

하용 아빠   같이 나가기는 힘들었었구요.

면담자   아이들 있으니까.

하용 아빠   왜냐면은 막내가 아직 초등학생이다 보니까 손이 가 요. 엄마 손이 필요한 때고 그래서 하다가, 올봄에 들어서 이제 둘 째 아이가 "아빠, 예전처럼" 겨울, 겨울에서 봄 그사이로 제가 기억 을 하는데, "예전처럼 일하는 모습 보고 싶다. 너무 아빠 힘들어하 니까 엄마하고 힘들어하니까, 아빠 예전처럼 일하는 모습 보고 싶 다"고 해서 제가 이제 일도 시작하게 된 거[죠]. [그간에] 있었던 과정을 전체적으로 다 얘기한다 그러면은 며칠을 얘기해야 되겠죠.

면담자　요새 주무시기가 쉽지 않아서 술 드신다고 하셨는데요.

하용 아빠　예.

면담자　그때 그러면 2014년에, 2015년 당시 때도 이미 그러하셨는지요?

하용 아빠　예, 밤에 이렇기 하면은 있으면은, 집도 중간에 옮겼는데.

면담자　아, 예. 언제 옮기셨습니까?

하용 아빠　그 사고 나고 한 1년 정도 있다가.

면담자　1년 정도 있다가.

하용 아빠　예. 아이 생각이 나서 그 방이 생각이 나서 도저히 그 집에서는 못 있겠더라구요. 그래 갖고 중간에 이사를 했어요. 전세로 있다가 인제 반전세 반월세 식으로다가 일부러 옮긴 게[까닭이] 제가 힘들어서 못 있겠더라구요. 자고, 저기 해서 그래서. 집을 옮기면서 이제 아이들, 둘째하고 막내 방 하나씩 해주고 큰애 책상하고 관련된 거는 이제 저희 집사람하고 자는 방을 안방으로 옮겨놨는데. 사고 이후에서부터 계속 애 생각이 나서 잠을 제대로 잘 수가 없겠더라고요. 보통 사고 후에 얼마 안 됐을 때 거기서, 초기에는 한 4, 5시까지 잠을 못자요, 잠이 안 와요, 예. 그래서 이제 더 바깥으로 활동 이런 거 많이 다니고 그랬던 게, 조금이라도 아이한테 미안하지 않으려고, 나중에 만났을 때, 더 다녔던 거 같고. 요새 와서는 이제 일을 하는데도 또 끝나는 시간이 한 2시는 돼야 되니까, 제일 빨라야. 집에 들어와서 요새도 한 5시까지는 잠을 잘 못 자요. 잠깐 눈 붙일라 그러면 이제 둘째 애가 고등학생이니까 아침에 7시쯤 되면 일어나서 일찍 가니까 그 시간대에 또 잠깐 깼다가, 막내가 8시 반 정도 되면 또 초등학교 그때 또 깼다가, 좀 있다 보면 이제 가게 일하러 나갈 시간 되고 그래서 낮에 정 힘들고 그럴 때는 집사람이 일하고, 손님들이 뜸한 시간대에 집사람한테 가게를 봐달라 그러고 제가 좀 한 2시간씩 쉬는 정도. 그런 식으로 다 계속 생활을 하는 거죠.

면담자   아버님이 다시 일했으면 좋겠다고 둘째 아드님이 이야기하신 게 혹시 댁에서 술을 드시는 모습을 자주 본다거나 그런 것 때문에 그런 게 아니었나 싶어서 여쭈었던 것이었는데요.

하용 아빠   술 먹는 모습도 있었구요. 이제 제가 간담회다 뭐다 이렇기 동거차도 가고 계속 자리를 비우니까, 아이도 그게 사춘기 지나면서 "아빠, 아빠가 많이 힘들어하는구나" 그러면서 "옛날처럼 일하면 어떨까?" 집사람한테 그 얘기를 하더래요. "옛날처럼 일을 하면 아빠가 좀 덜 힘들어하지 않을까? 그 모습을 보고 싶다. 사고 이전마냥 바쁘게 일하는 모습을 보고 싶다" 그런 식으로 해서 지금은 일을 시작해서 하는데…… 음, 자식이 원하면은 해야죠.

면담자   올 1월이죠, 졸업 대신에 방학식 하는 형태로 해서 했었습니다. 1월 10일인데요, 어떠셨습니까?

하용 아빠   저는, 저희 아이는 졸업했다 생각 안 해요. 왜냐면 뭐 명예졸업식이다 저런 거 얘길 하는데, 저는 마음속에는 계속 사고가 나던 고2로다 남아 있을 거 같애요. 졸업식이라 그래서 [달라지는 건 없어요].

면담자   같이 세리머니는 하셨지만, 행사는 했지만?

하용 아빠   예(침묵). 집사람이 이렇게 저거 하고 그랬는데 거기에 대해서는 큰 의미가 없고, 이제 아이가 왜 죽었는지 그거래도 빨리 배 인양되고 해서 그쪽으로다 더 신경이 가지. 거기에 대한, 아이가 죽음이 헛되지 않게 재발 방지를 위해서 어떤 게 되는지 그게 더 좀 더 궁금하구요, 앞으로.

면담자   안산에서는 매주 시청 앞에서 선전전도 하고.

하용 아빠   예.

면담자   예. 그런 것도 좀 참여해 보신 적 있으십니까?

하용 아빠   안산에서 한 거는 집사람이 많이 참여를 했어요. 왜냐면 제가 외지로 도는 건 제가 하고. 집사람이 같이 나가서 활동해 보고 싶다 그래서 집사람이 좀 많이 가는 편이었어요. 그러니까 안산은 그냥 왔다 갔다 하기가 편하니까 집사람이 하기를 원하더라고요. "당신 마음 편한 대로 해라" 왜냐면은 하고 싶은 거 못 하게 하는 것도 말이 안 되는 거고. 네, 집사람이 많이 안산에서 이렇게 하는 거.

면담자　　어머님도 굉장히 하고 싶어 하셨던 거네요?

하용 아빠　　예. 왜냐면은 제대로 안 되니까. 아직까지도 제대로 안 되잖아요. 특별법을 제정해서 청문회까지도 했는데도 되는 게 없었고, 지금도 배 인양은 안 하고 있고. 제가 봐서는 안 하는 거지, 못 하는 게 아니라 안 하는 거죠 지금은. 제가 봐서는 그래요.

면담자　　이제 쭉 한번 말씀드렸던 것 이외에 또 아버님이 하셨던 게 있으신지 모르겠어요. 엄마공방은 아버님 하시지는 않으셨을 거 같고.

하용 아빠　　지금 집사람은 그 냅킨아트인가요? 그런 쪽으로 해 갖고 엄마공방 쪽으로 계속하고 있구요.

면담자　　아, 예.

하용 아빠　　엄마 저거, 그 엄마방에.

면담자　　예. 자수도 놓고 하시는가 보죠.

하용 아빠　　예. 그런 쪽으로는 하고 있고.

면담자　　아버님은 공방?

하용 아빠　　저는 공방은 좀 그렇더라고요. 그쪽으로 해서 마음 돌리는 것도 이렇게 딴 데 신경 쓰게 되고. 또 여러 가지 좋은 일에도 하고 그러는 것도 좋지만, 저는 내키지는 않더라고요. 예.

면담자   아. 그게 뭐 특별한 이유가 있으셨나요?

하용 아빠   아니, 뭐 특별한 이유는 없고요. 그거보다는 저는… 올해는 일 시작한 것도 있지만, 그전에 시작할 때 아이 저거 잃은 거 때문에 한창 상심에 잠겨 있는 상태에서 내가 그거 나가서 하는 게 어떨까 그 생각도 들었었고, 여러 가지 이렇게 제가 봐서는 이제 취지는 좋은 취지인데 저는 내키지 않더라고요.

면담자   4·16합창단 이런 것들도 그러면 역시 뭐.

하용 아빠   저는, 모르겠어요 저는 노래는 잘 못 해서.

면담자   하신 적은 없고.

하용 아빠   예.

면담자   그 이외에 뭐 별도로 4·16 이후에 이제 유가족들이 나름의 공동체를 만들어서 활동하지 않습니까? 그런 것들에 혹시 특별히 참여하셨던 거는?

하용 아빠   이게 좀 주간활동보고나 이렇게 해갖고, 전체로다 의견 취합하고 저런 거 하는 거, 반별로 하는 것도 다 했는데.

면담자   예. 아, 반 대표도 그러면?

하용 아빠   반 대표는 안 했었구요. 집사람이 지금 아직 총무를 보고 있고 해서, 그 나름 이제 딴 분들이 가기 힘든 자리[거든요]. 이제 직장생활 하시는 분들이 먼저 있었고 그래서, 동거차도를 많이 갔던 거는 그것 때문에 좀 더 간 거 같애요. 가서 뭐 할 수 있는 건 없는데, 뭐 어떻게 되나….

면담자 　　　동거차도는 몇 차례 가셨습니까, 아버님?

하용 아빠 　　　여러 차례 갔죠. 초소 시작하고 나서 돌아가면서 갔는데 제가 갔던 게 네 번인가 간 거 같던 거 같아요.

면담자 　　　네 번.

하용 아빠 　　　예.

면담자 　　　예, 아버님 오늘은 2차 구술은 요정도로 하구요. 3차 때 질문은 이후에 이제 개인과 가족의 삶의 변화 그리고 느끼신 점. 아이가 현재 또 본인한테 어떤 의미이신지. 또 하용이는 전시회도 하지 않았습니까? 그런 것들 좀 여쭙도록 하겠습니다. 오늘은 이 정도로 2차 구술을 마치도록 하겠습니다.

하용 아빠 　　　예.

면담자 　　　수고해 주셨습니다.

하용 아빠 　　　수고하셨습니다.

3회차

2017년 1월 3일

1
시작 인사말

면담자 　　　본 구술증언은 4·16 사건에 대한 참여자들의 경험과 기억을 기록으로 남김으로써 이후 진상 규명 및 역사 기술에 기여하고자 합니다. 지금부터 빈운종 씨의 증언을 시작하겠습니다. 오늘은 2017년 1월 3일이며, 장소는 안산시 정부합동분향소 내 기독교방입니다. 면담자는 이봉규이며, 촬영자는 김솔입니다.

2
4·16 이후 가족들의 삶

면담자 　　　어느덧 해가 바뀌었습니다. 새해 복 많이 받으십시오.

하용 아빠 　　　예. 새해 복 많이 받으세요.

면담자 　　　연말하고 연초에 어떻게 보내셨는지 먼저 얘기하시면서 시작해 볼까요?

하용 아빠 　　　연말이라 그래서 뭐 저희는 특별하게 저기 하는 게 없었구요. 이제 가게를 하다 보니까 저는 아이들하고 이렇게 마주칠 시간이 많이 적었었고, 집사람이 아이들하고 같이 밥 한끼 먹으면서 이렇게 하는 거 그런 거 외로 특별한 건 없었구요. 다만 둘째 아이가 재야의 종 칠 때, 안산에서 할 때 거기 밤에 가서 그거 보고 그렇게.

면담자   같이 다녀오셨습니까?

하용 아빠   저는 못 가고, 왜냐면 가게 열고 있는 상태라 혼자 이렇게 갔다 오더라구요. 아이가 뭣 때문에 어떤 생각 갖고 그런데 참석을 했나, 본인 나름대로는 이것저것 여러 가지 생각을 할 수 있겠죠. 새로 학교생활 하는 거 다짐한다든가… 한 해 이제 새로 시작하니까 '뭐 어떻게 하겠다' 그런 나름대로의 생각을 하면서 이렇게 하는 거 같더라고요. 저희한테는 본인 생각을 별로 얘기를 안 해요, 사고 이후로. 가끔 가다 이제 가게 시작한 것도 저번에 얘기드렸듯이 아이가 '예전처럼 일하는 거 보고 싶다' 그래서 시작을 했는데, 오히려 저는 아이들하고 인제 같이 대화할 수 있는 시간이 그전보다 줄은 거 같아서 그런 게 조금 아쉬웠고, 작년 한 해가. 올해는 조금 더 아이들한테 더 신경을 써서 '아이들의 힘든 점이라든지 좀 많이 들어볼려고 노력해야 되겠다' 그런 생각을 가지면서 시작을 했어요.

면담자   오늘 이제 3차 구술에서는.

하용 아빠   예.

면담자   4·16 이후에 아버님을 비롯해서 가족의 삶이 어떻게 바뀌었는지, 그 과정에서 어떤 깨달음이나 느낌들이 있었는지. 얼추 이제 3년 다 되어가는 이 시점에서 하용이는 아버님한테 이제 어떤 의미인가 이런 것과 관련해서 질문을 좀 드리려고 해요.

하용 아빠　　예.

면담자　　말씀을 지금 해주셨으니까 가족 내에서 특히 자녀분과의 관계에서 아버님이 4·16 이전과 이후에 달라진 게 있으면 어떤 게 있을까요?

하용 아빠　　그전에는 뭐 학교생활이나, 인제 학생들이니까 애들이, "본인이 할 수 있는 거 최선을 다해서 해라" 하고 싶은 거 있으면은 될 수 있으면 많이 들어줄려고 노력을 했었거든요. 둘째 아이 같은 경우는 그전에 음악을, 기타나 그런 것 베이스인가 그쪽으로 다 밴드 활동을 하다가, 이제 거기 제일 이끌어주는 리더라 그러죠? 그 밴드 활동을 하는, 그러니까 음악하는 밴드요. 그냥 이렇게 저 밴드가 아니고.

면담자　　밴드에서 리더를 맡고 있다구요?

하용 아빠　　예. 리더를 맡은 그 아이가 저희 큰애하고 똑같이 세월호 사고를 당했거든요. 그래서 아이가, 둘째 아이가 자기를[자기가] 이제 믿고 따르고 그러던 형인데, 자기 친형하고 그 리더 형이 같이 사고를 당해서 이제 세상을 떠나게 돼서 아이가 한동안 방황을 하더라구요. 음악하면서 재미있어했는데 이제 사고 겪으면서 아이가 한동안 방황을 했어요. 사춘기도 있었고 같이 겹쳐져서 많이 방황해서 제가 이제 좀 힘든, 저기 부모 입장에서 아이한테 신경을 아예 끊을 수가 없어 갖고, 이제 저 일[세월호와 관련된 활동]에만 매달릴 수가 없었고. 그래도 지금은 그렇게 한참 힘들어하더니 많이 이제 예전처럼 밝은 모습도 보이고. 그런 것 때문에 예전처럼 일하고 싶다고 했을 때 바로 일을 시작할 수밖에 없었던 거 같애요. 아이도 이제 제가 하는 당구장에 와서 "당구, 친구들하고 와서 치고 가고 와서 놀다 가라. 딴 데 가서 PC방 가서 공기 탄한 데 가서 있는 것보다는 와서 친구들하고 놀다 가라" 했더니 친구들 데리고 자주 좀 왔다 가는 편이었었고, 같이 어울려서. 많이 왔다 가더라구요. 그러면서 좀 많이 밝아진 모습이 저한테는 많은 큰 힘이 되죠. 막내 애 같은 경우는 이제 사고 이후로 한동안 그러니까 집을 저희가 이사를 했는데… 그 형아 방을 이제, 큰애 방을 안 들어 갈려고 그랬었어요.

면담자   이사 전에요?

하용 아빠   예, 이사 전에요. 그래 갖고, 왜냐면 형아가 생각나는지 말은 표현은 안 하는데, 초등학생이니까 그 당시 초등학교 4학년인가 그랬었는데. 지금은 이제 그 아이가 올해 이제 새로 시작하는 중학교를 들어가거든요…. 막내 같은 경우에는 이렇게 뭐랄까… 도장도 다니고, 큰애하고 같이 태권도장을 같이 다녔었거든요, 예. 큰아이가 이제 관장 밑에서 교범이라고 그래서 이렇게 자기 밑에 애들 가르키고[가르치고] 어린애들 가리키고[가르치고] 그러는 입장에서 형하고 같이 다니다 보니까 이제 많이 재미있어하던 거를, 요새 와서는 어떤 이유에선지 본인 생각은 잘 모르겠는데 제가 봐서는 도장을 그만 다녔으면 한다 학원하고, 형아 생각이 나서 그러는지 "좀 쉬었으면 한다" 그래 갖고 요새 쉬게 하고 있거든요. 하고 싶은 대로다 좀.

면담자   도장을 그만두겠다고 이야기한 게 그 일 있고 나서 얼마 되지 않았을 때?

하용 아빠   아니요, 요새 와서.

면담자   요새요?

하용 아빠   예. 그 아이들마다 저거 하는 게 틀려서 그런지 사춘기하고 사춘기가 오는 건지. 집사람하고 안방에다가 [큰]아이 저거를 갖다 놓고 있으니까 책상이나 유품을 갖고 있으니까, 아이가 저희 방에 이렇게 잘 안 들어오더라고요. 형아 생각나서 그런지. 그래서 막내 아이 방을 있는 쪽으로, 평소에는 있지를 않[았]지만 방을 일부러 해주고 편하게 지낼 수 있는 쪽으로다 좀 해주는 게 맞는 거 같아서 이사를 하고, 저도 힘들었지만 [이사를] 했는데, 요새 와서 조금 제가 본 관점에서는 아이가 요새 저거 하는 거 같더라고요, 사춘기 접어들면서. 안방에 들어왔을 때는 이렇게 형 책상이나 사진 같은 거 쳐다보면서 이렇게 쳐다보고 하는 눈빛이 조금 많이 힘들어하는 거 같더라구요. 생각나고 그러나 보죠.

도장하고 학원도 요새는 그래요. 계속 이제 저희가 장사하다

125
·
3회차

보니까 어렸을 때부터 초등학교 때 들어가서부터 계속 도장하고 학원 끝나면은, 도장을 보통 아이들은 1부만 하고 오는데 한 타임만 하고 오는데, 형아하고 같이 있으면 그전에 두 타임씩 이렇게 해갖고 제일 늦은 시간에 한 9시 돼서 왔거든요, 초등학생인데도. 그러면서 학원 다니고 도장 바로 거기서 다니면서. 인제 본인이 힘들어하는 거 같아서 그럼 저는 큰애 사고 이후로 애들이 하고 싶다는 쪽으로다 될 수 있으면 해줄려고 해요. 왜냐면은 하고 싶은 쪽으로 될 수 있으면 하고 사는 게 맞는 거 같아서. 괜히 "이렇게 이렇게 해라", 그런 게 제가 큰아이 때 얘기한 게 아이 생각을 좀 더 받아줬으면은 좋았지 않나 싶어서. 요새는 집사람이고 저고 아이들이 뭐 이렇게 하고 싶다 그러면 "니가 생각해 보고 일정 기간 쉬어봐라. 해보고, 다시 가고 싶으면, 다니고 싶으면 얘기를 해라. 다시 또 해주겠다" 이런 식으로 해서 사고 이후로 두 아이 중 한 아이는 이제 많이, 좀 큰애는 [그러니까] 저 둘째 아이는 조금 안정을 찾는 거 같은데, 막내가 아직 조금 그게 있는 거 같더라구요. 그래서 이제 될 수 있으면은 편하게 해줄려고 노력하고 있는 중이구요.

집사람 같은 경우에도 이제 제가 혼자 해도 되는데, 제가 몸이 수술한 데가 여러 군데라 이렇기 몸이 안 좋을 때는, 될 수 있으면 집사람을 좀 집에만 있지 말고 바깥에 돌아다니는 활동을 하는 게 나을 거 같아서, 집사람보고 "가게 좀, 나 쉬게 봐달라고" 이제 손님 좀 뜸한 시간대에 일부러 [집사람이] 혼자 있는 시간을 좀 줄일려고 많이 노력을 하죠. 친한 반, 큰애 반 같은 엄마들 모임 있죠, "자주 이렇게 연락하고 그러는 엄마들하고 가서 커피라도 한잔 마시고 오고 밥이라도 먹고 오고 좀 해라, 움직여라". 바람이라도 쐬어야지 집에만 있으면 좀 아이 생각 더 나고 힘들 거 같아서, 좀 될 수 있으면 움직여서 왔다 갔다 하면서 움직이면서 좀, 잠깐이라도 조금 더 나은, 좀 안정을 찾으면 어떨까 해서 제 나름대로는 자꾸 집사람한테 요구를 하고 하는데. 이제 집사람 처가 쪽으로, 어제도 둘째 처형 아들이 암 진단을 받아서 같이 갔다 왔는데, 얼굴 보러 갔다 왔는데, 아직 젊은데 서른 30대 초반인데 저거 한데 집사람도 많이 신경을 쓰더라고요 또. 주변에 사람들마다 다 가족마다 집안에 일은 있겠지만, 힘든 과정 겪으면서 이제 조금 안정 찾을라 그랬는데… 아픈 사람 생기고 이제… 저도 마음이 조금 안 좋았어요. 갔다, 오늘이 수요일인가요, 내일이 수요일인가요?

면담자   오늘은 화요일이에요.

하용 아빠   수요일 날 이렇게 그 결과 나온다 그래 갖고 가서, 결과 기다리는 중이라 가서 얼굴 보고 왔는데… 그런 게 조금 더 아이 잃고 나서는 더 힘든 거 같더라고요 이게. 힘들어하는 게 그 전보다….

면담자   아버님 스스로도 좀 다른 의미로 또 느껴지시고 그러십니까?

하용 아빠   예.

면담자　　　　그 어떤 건지 좀 얘기해 주십시오.

하용 아빠　　　예, 뭐… 아픈 거야 이제 어떻게 대신할 수 없겠지만, 이게 가슴에 와닿는 게 제 자식을 잃고 이제 한 상태에서, [처형네 조카가] 또 상황이 많이 안 좋다 보니까. 그 고관절에 암 덩어리가 9센티 정도짜리가 있다 그래서, 그건 잘못하면은 수술해서 치료가 돼도 그 걷는 거나, 목발 짚고 걸어야 되는 상황이고 그런 거 같아서. 이제 대충 얘기를 들었을 때는 결과가 내일 나와봐야지 알겠지만 수술을 할 수 있는 건지도 걱정이 되고. 좀 주변에 [자식] 있는 사람들이 이렇게 하고 이별을 한다는 게, 그 전에보다 가슴에 더 아픔으로 다가오지 않나 싶구요.

　　당구장 하다 보니까 아이들 학생들이 많이 오는 경우가 있는데, 아이들 바라봤을 때도 이렇기 뭐랄까 우리 아이도 이렇기 이것저것 다 해보고 할 수 있었을 텐데, 사고를 안 당했으면은. 그런 생각 때문에 이제 아이들 와서 하면은 음료수고 필요한 대로 다 돈 계산은 안 하고, 그 돈 생각하면서는 제가 장사를 안 하는데. 아이들에 대해서는 뭐 과일이라도 사다 놨든지, 요새 같은 경우에는 귤 같은 거 사다 놓고 "먹어가면서 놀아라" 하면서. 어찌 보면은 이렇게 고만한 때 이렇기 활동하고 이렇게 어울려서 이렇기 이것도 해보고 싶고 저것도 해보고 싶은 그런 나이들이라, '우리 아이도 인제 살아 있었으면 이런 거를 좀 한창 더 하지 않았을까' 그 생각도 들면서, 그냥 그런 생각, 그런 게 추가되는 거 같아요. 제 삶에 이렇게 일하는 거는 부수적으로다 하는 거지만, 그나마 애들 와서 이렇게 웃으

하용 아빠 빈운종

면서 친구들끼리 장난치면서 이렇게 하는 거 보면서 조금 더 아휴, 아이 생각도 나지만 애들 와서 편하게 왔다 가고 이제 그렇게 여건을 해주는 게 제 마음적으로는 좀 위안이 되죠.

3
4·16 이후 느꼈던 점들에 대해서

면담자　　　그 말씀을 들어보면 뭐랄까, 아버님으로서 또 가장으로서 가족들을 챙기고 바라보는 모습들을, 그 속에서 느꼈던 느낌들을 이제 주로 이야기를 많이 해주셨는데요. 그 이후에 아버님이 아버님 스스로 느꼈던 감정들은 어떠한 것이 있었을까요?

하용 아빠　　　저는 지금 이제 3년이 다 되어 가는데 음… 그때 당시에 이제 사고 당시에는 이렇기 대처하는 게 우리나라가 정부가 이렇게 하는 게 이 정도밖에 안 되나 하는 그런, 어찌 보면 분노라 그럴까요? 이 화남이라고 그런 게 많이 주가 됐었는데. 요새 와서는… 사고 해결을 사고가 있음으로 그거에 대한 대책을 세워가는 과정이 너무 성의가 없다 그럴까요? 수습을. 그러니까 사고 뒤처리를 어떻게 진짜 체계적으로 해서 이렇게 이렇게 한다는 그런 게 안 보이니까… 거기에 대한 화나는 면이나 또 다음에는 우리 같은 일이, 우리 아이들 같은 일이 벌어지지 말아야 되는데 뒤처리하는 게 아직도, 배 인양이나 이런 거 하는 거 안 되고 그러는 거를 보면서 인제 제가 사고 이후로는 거의 밤에 잠을 못 자요. 4, 5시까지는, 어제도 일 끝나고 와서 한 2시 좀 넘어서 들어가서 피곤할 법도 한데 잠이 안 와서 한 5시까지 5시 반 정도까지 있다 잔 거 같아요.

면담자   보통 그 밤에 이렇게 퇴근하고 오셨을 때, 최근이죠? 그러니까 새로 가게 하시고부터 퇴근을 한 2시 즈음에 하는 걸로 그죠? 더 늦게도 하셨던 거 같기도 하고.

하용 아빠   이제 늦을 때는.

면담자   그러면 잠이 오지 않으면 그사이에 어떤 일을 하십니까? TV를 보시나요, 아니면 뭐?

하용 아빠   밤에 저는 그 TV를 보거나 그런 쪽으로 많이 하죠. 뉴스나 그런 뭐 요새 같은 경우는 그 대통령 탄핵하는 거 뉴스 같은 거 밤에 이렇게 다시 보도돼 있는 거나, 또 그 좀 프로가 이렇게 생각을 좀 많이 해야 되는 프로, 김제동 씨 나오는 프로나 그런 거 이미 방송이 돼 있는 거 그런 거 틀어서 이렇게 보고 있고. 그런 거 관련돼서 이렇게 보다 보면은 좀 자야 되겠다 싶은 그 생각이 들어서, 아니면은 이렇게 보고 있다가 깜빡 잠들면은 집사람이 일어나서 자라고 저거 해라고 누워, 침대에 누워서 자라고 깨우기도 하고 거의 그런 식이죠. 아침에 6시 반에 집사람이 둘째 아이 학교 보내는데, 아직 방학을 안 해서 일어날 때 그때 잠깐 잠들고 그런 게 거의 주인데, 이제 저는… 뭐랄까 이게 빨리 좀 제대로 된 처리가 됐으면 좋겠는데 그게 마음속에 남아돌고, 저 같은 경우에는 속으로

참다가 이렇게 열이 오르면은 아이 생각나고 열이 오르면은 이 위쪽으로 상반신 쪽으로 몸에 뭔가 나요. 그래서 긁고, 간지럽고 그래서 긁고 그러면은 그것 때문에 안산에서 하는 저, 저것도 가서 해봐도 주기적으로 그러더라고요, 몸에 올라오고. 그러니까 표출이 안 되니까 인제 이게 풀어지지를 않으니까, 이게 울화가 치민다 그러나. 그런 게, 그런 것 때문에 그런 건지, 이 아이, 지금 많이 활동하시는 분들도 계시는데 활동하다가 제가 못 하게 되고 그런 면에서도 아이한테도 그렇고 같이하시던 분들한테도 그렇고 미안한 마음이 많이 들어요. 그런 것 때문에 그런지 저는⋯ 저는 어디 가서 풀 데가 없으니까 진짜 이렇게 빨리 자고 [싶은 날], 하루는 진짜 정 몸이 힘들고 그럴 때는 술 한잔 먹고 자고, 이렇게 자는 쪽으로.

면담자　　　혼자 드십니까?

하용 아빠　　　아니, 이제 같이 먹기도 하는데 사람들하고, 동창. 당구장에 오시는 분들이 거의 뭐 저하고 형님, 동생 하고 저하고 친구하고 그런 고정 인원들이 거의 대부분이고. 나머지 이렇게 학생들이나 일반인들 와서 하는 거를. 주로 많이 보던 동생들하고 이렇게 같이 한잔씩 하고 이런저런 얘기 해가면서. 좀 그럴 때 이제 좀 잠을 자죠.

면담자　　　4·16 이후에 혹시 어머님이랑 부부싸움 하신 적 있으십니까?

하용 아빠　　　집사람은 이제 뭐 그렇게 부딪쳐서 부부싸움은 안 하고, 집사람이 "이거 아니다" 그러면 그건 그렇게 해요. 저는 싸우, 그렇게 싸우는 일은 없어요. 왜냐면은 집사람도 힘들고 아이들도 다 힘든데 그 서로다 자기주장만 해서 될 수 있는 게 아니고. 저같은 경우에는 제가 좀 집사람이 왜 그러나 이렇게 뭐 기분이 안좋은 거 같으면은 제가 좀 챙겨야 되는 상황이라. 그래도 요새는 많이 집사람이 반 엄마들하고도 어울리고 이렇게 활동을 하니까 조금 그 전보다는 [낫죠]. 2주기 때까지만 해도 한동안 많이 힘들어 했는데 밖에도 잘 안 나가고 했었는데, 요새는 나가서 저희, 그러니까 형이 밑에서 슈퍼를 하는데 제가 3층에다 당구장을 내고, 인제 우스갯소리도 하고 그래요. 저희 형이 농담도 해가면서 이렇게 얘기를 하고 했는데, 그렇게 어울리면서 좀 많이 밝아진 모습을 봤을 때가 제일 좀 다행이다 [생각해요]. 그래도 저 집에서 혼자만 집에 있다고 해서 힘들어하는, '혼자 있기가 그럴 텐데. 막 여러 생각이 들 텐데 밖에 나와서 이렇게 활동하면서 커피 한잔이라도 같이 어울려서 서로 다 얘기할 수 있는 상대로 삼고 [그러다 보면] 이렇게… 좀 저거를 덜지 않나, 그런 아픈 생각을' [하는 마음이] 많이 들어요. 싸우지는 않아요. 아이들한테도 힘든 과정 겪으면서… 이제 뭐라 그러나, 둘째가 한창 방황할 때 "엄마, 아빠가 힘든데 아들까지 이렇게 하면 되겠어?" 이런 식으로 얘기를 해서 둘째도 힘들어 했지만 이렇게 자리가 잡히는 쪽이고 해서. 아이들한테도 싸우는 모습은 될 수 있으면 잘 안 보여주려고 그랬거든요, 그전에도. 될 수 있으면 안 싸우는 편이었었으니까요. 다만 "이게 맞지 않을까?"

하용 아빠 빈운종

서로다 의견에 대해서는 큰 저기는 않고, 저 같은 경우는.

면담자   아까 말씀 중에 지금 둘째에 대해서 큰애라고 얘기 했다가 다시 둘째라고 정정하셨는데.

하용 아빠   이제는.

면담자   표현을 바꾸셨나 봅니다 요새?

하용 아빠   인제 바꿀려고 노력을 하는 거죠. 왜냐면은 이제… 어차피 큰애는 계속 아이들한테 계속할 수는 없는 거 같고, 아이들이 빨리 그 조금 본인들 삶을 찾아갈라 그러면 이제 호칭을 좀 바꿔보려고 자꾸 노력을 한 거예요 제가. 아들, 아들 하면서 이제 그전에는 이름 불러주고 둘째 아들 이렇게 하다가, 이제 그냥 '둘째'를 빼고 그냥 '아들' 하고, '우리 막둥이' 이렇기 표현을 많이 할려고. 그래야지 아이들도 조금 더 그런 거 좀 덜 느끼지 않을까, 큰애에 대한 저거를 좀 빨리 좀 아픔을 치유하고 하지 않을까 싶어서.

면담자   그게 일종의 지워나가는 건가요?

하용 아빠   지우지는 않구요. 왜냐면은 지울 수 없는 거지만, 생활에서 군이 계속 그 저거를 들춰내면 아이들이 힘들어할까 봐 좀 안정을 찾는 과정에서 더 힘들어할까 봐, 그냥 엄마, 아빠가 편하게 불러주면은 그게 자연적으로다 좀 시간을 두고, [시간은] 걸리겠지만 [치유가] 되고 [하지 않을까 해요]. 아이들이 인제 어느 정도 이 아픔 겪고 이제 정신적으로다 더 성숙하고 안정을 찾으면 그때 가서 뭐 이렇게 저거 하는 거는 큰 지장이 없을 거 같아서. 지우는 쪽은, 저는 지운다 생각은 안 해요. 왜냐면 아이들이 힘들어하지 않게 하는 쪽으로다 하면서 나중에 좀 인제 이 시기를 좀 지나면은 자연스레 본인들이 스스로 생각을 할 수 있는 저게 될 거 같아서, 조금 안정시킨다 그럴까요? 아이들한테, 남아 있는 아이들한테.

왜냐면은 엄마하고 아빠가 계속 거기에만 매여 있으면은 오히려 아이들이 '아, 우리는 자식도 아닌가?' 그런 걸 느낄 수도 있는 거니까. 큰애만 계속, '큰애' 이렇게 저렇게 다루다 보면 그런 것도 받을 거 같아서, 나름 조금 빨리 더 이제 본인, 둘째 같은 경우에는 이제 고3으로 올라가는 입장이고 그래서. 빨리 조금 더, 3학년 때가 좀 중요하잖아요, 우리나라에서는. 다니는 학교에서도 좀 더 열심히 하고 그런 쪽으로다가 하길 바라면서 자꾸 안정감을, 집 안에 들어왔을 때 안정감을 주기 위해서 자꾸 그런 노력을 하는 거죠.

면담자　혹시 둘째 아드님한테 호칭을 바꾼 것을 아들이 눈치 채던가요?

하용 아빠　인제 제가 뭐 이렇게 어떨 때는 제가 좀 일찍 들어가면은 한 1시나 그 정도 2시 전에 들어가면, 그때까지 얘도 잠을 안 자고 있을 때가 있어요. 그러면 "아들, 자야지. 내일 학교 가야 되잖아" 그렇게 자꾸 말을, 표현을 많이 해주다 보니까 요새 와서는 그렇기 아빠하고 거리 같은 거나 좀 그런 게 많이 줄어든 거 같아서 자꾸 한 번에 확 이렇게 이렇게 하는 게 아니고, 자꾸 전체 다 서

서히 좀 그런 거를 표현을 이렇게 좀 바꿔볼려고 노력하는 중인데. 그게 잘하는 건지는 모르겠어요. 근데 제 나름대로는 그 생각이 들어서. 좀 더 커서 성인, 20대 후반 쪽으로 되면은 큰아이를 얘기를 편하게 해도 이제 좀, 그때 당시에는 이제 다 어느 정도 아이들이 자라고 난 상태니까.

면담자   아직까지 그럼 둘째 아이보고 '큰아이'라고 불러보시진 않았군요?

하용 아빠   인제 제가… 이제 큰아들이라고 이렇게 얘기하는 게 아직 저기 좀 해서, 제가 자꾸 이제 그런 쪽으로 갈려고 호칭을 해줄려고 그래요. 왜냐면 "이제는 동생도 형아가 돼서 니가 챙겨야 되는 거고". 자꾸 얘기를 해주는 쪽이라… 완전히 호칭은 다 못 바꿨구요, 이제 조금 할려는 쪽으로.

4
4·16 이후 후회되고 힘들었던 부분

면담자   지난 3년여 동안 아버님께서 제일 적극적으로 해주셨다고 하셨던 게 아마 간담회 활동이었던 거 같은데요.

하용 아빠   간담회 다니고, 주로 간담회 다니는.

면담자   동거차도를 많이 다니셨고.

하용 아빠   동거차도 가고. 왜냐면은 반별로 10개 반이 돌아가면서 들어가는데, 저희 반 아빠들이 일, 직장을 다니시는 분들이 많아서 이제.

면담자   아, 4반에는 아버님들이.

하용 아빠   예. 직장에 다니시는 분들이 많아요. 저 같은 경우에는 한 2년을, 직장을 안 갔거든요. 이 활동하는 데만 쫓아다니고, 그쪽으로 했었고. 그거 하나는… 뭐 많은 저거는 안 돼도 일주일에 한 번 일요일마다 가족 저것도 하고 그러는 거. 그런 쪽이죠 뭐 주로.

면담자   근데 아까 말씀하실 때 아버님 스스로는 활동을 많이 못 한다고 생각을, 많이 하는 사람들한테 미안한 마음이 있다고 하셨는데.

하용 아빠   그러니까 제가 집사람하고 교대 교대 이렇게, 집사람이 광화문이나 이렇게 가는 거를 그 전에는 제가 이렇게 많이 주로 다녔었고 하다가, 집사람이 좀 바깥으로다 좀 활동을 하는 게 조금 더 나을 거 같아서 자꾸. 집사람이 인제 뭐 여기 엄마공방이나 이렇게 하고 그러니까 엄마 그 저기, 냅킨아트나 하는 거 쪽으로다 자꾸 다니게, 인제 그쪽으로 활동을 같이 이제 하게 하니까, 제가 이제 가게에 매이다 보니까 제가 뭐를 하고 싶은데 못 하니까 그게 좀 저거 해서 얘기를 드리는 거예요.

면담자   지금 생각할 때, 지난 본인의 활동이나 혹시 선택하신 것 중에 아쉽다거나 후회하는 점 있으신가요?

하용 아빠　　　후회하는 거… 제[가] 사고 이후에 제일 후회되는 거는… 특별법 제정할 때 수사권, 기소권이 없어서 아무것도 못 하고 끝난 게 제일 아쉽죠. 그 대리기사 폭행도 있었고, 그것 때문에… 나름 열심히 이렇게 간담회 다니고 저거 하고 멀리 가다 보면은 어떨 때는 간담회 오전에 한다 그러면은 그 전날 가서 자고 간담회를 하고 밤늦게 오고, 한 이틀 정도 여정으로다 갔다 오고 그랬었으니까. 그렇게 제 나름대로는 제 몸에 부친, 저기 무리 안 오는 선에서 최대한 할려고 했는데 나중에 결과가……. 그때 좀 제대로 좀 됐었으면 하는 거. 그게, 그게 안 돼서 아직까지도 이렇게 끌려오지 않았나, 일이 진도 안 나가고. 그게 제일 아쉬웠던 거 같아요. 그때 제대로 수사권, 기소권 있어서… 언론에도 밝혀지지 않고, 언론에도 저게 제대로 안 나왔잖아요 청문회 하는데, 세월호 청문회. 저는 납득이 그때 당시에도 안 갔고, 너무 오랜 기간을 저걸 하다 보니까 시간이 지난 다음에 하다 보니까 "그때 기억 안 납니다" 전부 그런 식으로다, 지금도 똑같이 저걸 하지만… 그게 제일 아쉽죠. 아이[가] 왜 이렇게 될 수밖에 없었는지가, 제대로 진상 규명하고 책임자 처벌을 하고 진짜 우리 아이들 저기 헛된, 죽음이 헛되지 않게 재발 방지를 위한 저것까지 좀 너무 늦어지지 않나, 그게 제일 그런[아쉬운] 거 같아요. 제일 아쉬움 남는 게 수사권, 기소권 없는 세월호 특별법 저거 저거, 그게 돼서.

면담자   본인을 제일 힘들게 했던 지난 4·16 이후의 경험 중에서요? 그건 어떤 거였을까요?

하용 아빠   힘든 거 여러 가지 있겠지만… 제일 힘들었던 게 그거에 관련돼 있는 거 같아요. 세월호 특별법 할 때 제정 이렇게 저거 될 때, "수사권, 기소권 안 된다" 언론에서는 뭐 이렇게 이렇게 이렇게 하고. 당사자들은 그 상황이 아닌데 언론 통해서 보도 나간 거 일반 국민들이 들었을 때는 뭐 저희 가족이 수사하고 저거 다 총괄하는 일 하고 그런 식으로다 보도가 되다 보니까 [일반 국민들이] 느끼기에 제 주변의 사람들이 "어? 이건 아니야" 아니라고 얘기하는 사람도 있고, 실[제] 내용을 보고.

면담자   그때 굉장히 크게 분노하셨었습니까?

하용 아빠   그것 때문에 주변 사람들하고 언쟁도 많이 했었고. "특별검사는 대통령이 임명하는 건데 어떻게 우리 가족이 수사권, 기소권 갖고 하냐? 검사가 하는 거다" 이 얘기를 하면서 이제 방송의 힘이라는 게 되게 큰 거를 알았어요. 모든 대부분 국민들이, 제가 아는 지인들도 그때 당시에는 수사권, 기소권 가지면 안 되는 줄 알[았]고. 〈비공개〉 아직까지도 이게 안 되는 게 그런 것 때문에 '그때 당시에 조금 더, 더 열심히 했더라 그러면, 사고, 대리기사 사고 없이 열심히 했더라면 조금 더 결과가 이렇게까지 오지 않지 않았을까' 그 생각을 많이, 아쉬움이 많이 남죠. 〈비공개〉

면담자   둘째 형님은 따로 뭐 그러신 건 없었구요?

하용 아빠　　　저희 둘째 형은 그런 거에 대해서 딱히 뭐, 지금도 대통령 저것도 하고 했지만 "진짜 아니다" 저하고 의견을 맞추기 위해 그런 게 아니고 객관적으로 이렇게… 그냥 얘기를 해주고. 제가 이제 이렇게 거의 일주일에 뭐 간담회 다니고 쭉쭉 빠져 다니다 보니, 집사람하고 애들만 넘겨놨고 다니는 거 옆에서 이제 가끔은 얘기를 하죠. 그때 당시에 사고, "너, 저거 다니는 것도 좋지만 니 집사람하고 아이들도 챙겨야 되는 거 아니냐?" 그래서 얘기를 하죠, 많이 해줬던 분이 둘째 형이에요. 가게 이렇게 시작할 때 제가 이제, 제가 가서 가게 나한테 넘겨라 그런 것도 아니고 작은형이 "이거 얼마 주면은 저거 가게 넘기겠냐?" 하시던 분이 이제 아는 형님이세요. 그래 갖고 "알아봐서 얘기해 줘요" 그랬더만 그렇게 해 갖고 조율해서 할 정도까지 많이. 제가 이렇게 좀 일을 시작하게 이렇게 많이 형이 신경을 써주고 그런 편이라.

　　요새도 이제 저녁은, 아침하고 저녁은 이제 거의 저희 가게에서 형이 와서 올라와서 먹을 때도 있고, 제가 아침 같은 경우에는 형네 가게에 가서, 2층에 가 이제 자재 쌓아놓고 그러면서 식당을 이렇게 조그맣게 밥 먹을 수 있게 직원들하고 하는 데가 있어서 같이 이렇게. 작은형하고는 되게 우애롭게 지낸다 그럴까. 가차이[가 깝게] 있고, 또 제가 힘들 때 이제 직장 바꿔서 장사 쪽으로다 배워 볼라고 할 때 흔쾌히 같이 "그래 하자" 해갖고 장사도 시작했었고. 작은형하고는 문제 그렇게 없어요 여지까지. 제가 힘들 때, 같이 술 한잔 먹으면서 조언해 주고 그랬던 작은형이니까.

면담자   잠깐 쉬시다가 하시겠습니까?

하용 아빠   예.

(잠시 중단)

5
4·16 경험으로 인한 변화

면담자   네. 이어가겠습니다. 가장 아쉽거나 후회하는 것 그리고 힘들게 했던 것 말씀해 주셨는데, 그에 반해서 지금까지 4·16 이후에 겪으시면서 본인이 가장, 본인에게 힘이 되고 위안이 됐던 건 어떤 게 있었을까요?

하용 아빠   제가 좀 힘이 됐던 거는 주변 분들이 이렇게 같이 아픔을 해주는 것도 있지만, 전국적으로 이렇게 돌아다닐 때 간담회나 저거 다니면서, 그 저희가 다섯 명이 모여도 가고 열 명이 모여도 간담회를 갔습니다. 많은 때는 몇백 명이 모였던 데도 갔었고. 사고 그 일어나는 과정이 이랬었는데 그, 저는 현장에 나가서 제가 3일째 이렇게 본 상황을 얘기를 했을 때, 그 지역에 활동하시는 분들 그런 분들하고 이렇게 대화를 가졌을 때, "언론에는 보도가 안 됐는데 어, 이렇게 해서 제대로 조금 더 깊이 알게 됐다. 힘내라"고 이렇게 얘기해 주실 때가 "같이하고, 끝까지 같이 가겠다" 얘기해 주시는 분들, 그때가 제일 힘이 됐던 거 같아요. 왜냐면 방법이 없었으니까. 언론도 보도가 안 되고 그러니까. 가족들이 뛰면서 전부 돌아다니면서 말로써, 영상물 저희가 제작한 것 이렇게 가족 쪽에서 해놓고 준비해 놓고, 활동하시는 분들하고 준비했던 거고. 돌아다니면서 하면서 그때가 제일 많이 힘이 되고 그랬었던 거 같아요.

아까도 얘기드렸지만 지금도 똑같이 이렇게… 처음에 이렇게 같이하겠다 하시는 분들이 같이 활동을 또 해주시고, 저희가 이제 경황이 없으니까 못 챙기는 것들 그런 것들 옆에서 해주시는 분들이나. 여기 그 택시 하시는 분인데, 임영호 씨라고 아이들 생일 계속 챙겨서, 있는데 가서 늘 진짜 이태 동안 챙기고 이제 3년째 이렇게 계속하시는데, 본인도 아비, 자식 키우는 입장에서 마음이 아파서 하시면서 저렇게 같이 저희와 공감을 해서 해주시지만 진짜로 쉽지 않은 일이거든요.

이렇게 본인 생활도 있는데 같이해 주시는 분들이 이렇게 많구나. 가족들 중에서 그 얘기도 해요. 이제 진짜 이렇게 옆에서 많이 힘이 돼주시고, 저희 아픔 같이 해주시는 분들이, 단 언론이나 이렇게 해서 보도는 안 돼서 제대로 안 돼서 저거 한 건 있지만, 같이 해주시는 분들이 꾸준히 같이 해주시기 때문에. 가족들 중에서 몇 명 그 이야기도 저하고 같이 많이 얘기를 한 게, 그래도 이렇기 매일같이 나서서 해주시는 분들 때문에 힘을 더 내고 먹고, 위로를 받고, "여러 가지 도움을 많이 주는 분들한테 나중에 이 일이 정리, 저 정리가 되고 나서 우리도 그 4·16가족협의회를 만든 취지가 좋은 쪽으로다 더 받은 걸 보답을 좀, 사회에 다시 또 일이 있을 때,

문제가 있을 때 같이 힘이 되는 쪽으로 좀 더 할 수 있는 선에서 최대한 같이할 수 있는 쪽으로다 하면서 받은 거를 되돌려서 좀 우리도 줄 수 있는, 나중에 그런 쪽으로 해야 되지 않겠나" 그 얘기를 많이 하거든요, 아빠들하고 얘기할 때.

면담자   4·16과 그 이후의 경험이 아버님이 바라보시는 세상에 대한 관점 내지는 삶에 대한 태도에 변화를 좀 가져왔다고 생각하십니까?

하용 아빠   그죠, 조금 전에 얘기드렸던 것마냥 제가 그냥 살아가면서 옆에서 노인들이나 이렇게 무거워서 짐을 못 가져가시는 그런 분들, 그러면 "제가 들어다 드리겠다" 이렇게 했던 거하고, 진짜 이렇게 아, 속으로다 '저 사람이 얼마나 아프겠구나' 생각하는 그 깊이가 조금 더 깊어졌다 그럴까. 그 전에는 단편적으로 생각을 하던 거를 '아, 이렇게도 생각해 보자' 이런 식으로 여러 각도로 생각하니까 되는 저것도 있고. 그 전에는 천안함이나 그 학생들 저기 무너지고 그랬던 그런, '접하는 게 다가 아니구나. 진짜 그 우리가 그걸 몰랐던 거, 방송 본 거 하고 틀리더라' 그런 게. 무슨 그 뉴스나 저런 걸 봤을 때 관점이 좀 많이 변했다고 봐요.

면담자   정치적인 문제나 사회적인 이슈에 대한 관심이 확실히 이 일 이후로 더 커지신 겁니까?

하용 아빠   더 커졌죠. 왜냐면은 더 커졌죠. 그전에는 내 가족하고 주변 분 친인척들이나 이렇기 저것만 생각하고. 이 사고 겪고 여러 사람을 만나면서 여러모로 생각이 좀 틀린 사람도 만나보고 같이 공감하는 사람도 만나보고 하면서 이 얘기 저 얘기를 하다 보니까, "아…" 저는 이렇게 간담회 쪽에서도 그 지역에 노조나 아니면은 그 여러 사람들을 만나는데, 지역 활동하시는 분들 중에서 밀양 송전탑이든지 많이 만났거든요. 방사능 폐기물 같은 거 처리장 그 문제에서도 그 지역 활동하시는 분들이 '내 우선'이 문제가 아니고 내 후손들한테 문제가 되는 문제서부터, 또 우리나라 노조 같은 경우에는 그 관련되는 쪽에서 얘기를 해보면 임금 체불되는, 체불하는 그런. 언론에는 그런 건 안 나오는데, 못 받아서 힘들게 싸워가는 사람들도 보고 '구조적으로다 법이, 법 개정되고 그러는 게 진짜 서민을 위해서 개정되는 게 아니고 기업이나 이쪽으로다 유리한 쪽으로다 제정이 많이 되는구나' 그 생각이 많이 들어요.

직장생활 할 때도 제가 듣기는, 성과연봉제 해갖고 1년마다 재계약을 하는데 그때 당시에도 저도 '아니, 직원제를 해서 이렇기 저걸 해갔을 때 하고, 성과연봉제 하고 회사한테 반하면 1년 지나서 재계약 안 하면은 법적인 문제는 없잖아' 그때 당시에도 걱정을 했지만, 지금도 뭐 한진그룹이나 그 우리나라[에서] 수출하는 컨테이너 배 저거 하는[만드는] 데에, 뭐 이게 열심히 일한 직원들의 잘못일까요? 저는 그렇지 않다고 봐요. 직원들은 일 열심히 하고 자기 가족 챙기는 거 열심히 한 사람들일 뿐인데, 결론적으로다 회사 어렵다, 감원한 건 그냥 해고 통보잖아요? 그런 것도 너무 법적으로나 이런 게 실질적으로 일하는 사람들은, 그러니까 일반 회사원이

나 직장인들이 좀 열심히 일하면 성과가 있고 자기 저거 하는 데 살아가는 데 불편함이 없어야 되는데, 오히려 제도 같은 경우 잘못 시행이 돼서 그냥 고용주가 직원 자르는 건 점점 편하게 만드는 쪽으로다 되지 않나 그렇고. 어찌 보면은 '이 자본주의의 병폐라, 그런 게 좀 많이 골이 깊어지지 않나' 그런 생각도 많이 해요.

면담자 아까 잠시 쉬시면서 선체 인양 얘기도 좀 해주시고, 결국 진상 규명에 닿아 있는 문제일 텐데요. 그런 목표들이 만약에 다 달성이 된다면 그다음에서는 어떻게 뭘 하며 살고 싶으신가요?

하용 아빠 제대로 다 됐다 그러면 이제 그 우리, 제 일상으로다 돌아가기가 좀 마음이 한결, 좀 짐을 덜어놓고 편하게 좀 돌아갈 수 있지 않을까 싶고. 앞으로, 그 아까도 좀 얘기를 드렸지만 가족, 4·16가족협의회 하고 저 사단법인을 만든 이유가 좋은 쪽으로 좀 가족들도 끝까지 우리 아이들 잊혀지지 않고… 하면서 계속 좋은 쪽으로다 사회에 좋은 쪽으로다 일을 할 수 있는 그런 한 가지 기구래도 되면 좋지 않을까 그런 걸로. 그런 쪽이죠 뭐. 생활하는 거야 열심히 또다시 일로다, 일상으로 돌아가서 살면은 노력하는 만큼 되는 거니까요. 그러니 앞으로에 대한 저거는 일에 대한 걱정은 저는 거의 안 해요. 왜냐면 여태까지도 내가 노력하면은 반드시 결과물은 돌아오는 거니까.

다만 빨리 이게[진상 규명과 책임자 처벌이] 조속하게 돼서 좀 그, 저희 세월호 사고 겪은 가족들이 마음의 짐을 좀 덜고 일상으로다 좀 돌아가서 빨리 적응을 할 수 있지 않을까. 빨리 조속히 인양되고 하면 그게 그 상처받은 분들한테는 최고의 저게[치유가] 될 거 같애요. 왜냐면 아이들이, 죽은 아이들이나 그 사고 가족들, 돌아가신 분들 가족들이, 아이들의 죽음 헛되지 않게 이런 일이 발생이 다시 되지 않게 법적으로나 제도적으로 좀 그 재발 방지를 위한 대책이 제대로 이뤄져서 하는, '비록 아이들은 잃었지만 아이들의 죽음이 헛되지 않았구나. 우리가 조금이래도 변화할 수 있는 저거를 가져다 놨다'는 게 좀 위로가 되지 않을까. 그래서 계속 지금도 활동을 하고 있지만, 우선은 인양부터 해야 되겠죠.

면담자   진상 규명 잘 될 것 같으십니까? 전망은 어떻게 하십니까?

하용 아빠   저희가 이렇기 원하는 쪽으로 되지는 않을 거 같애요. 왜냐면 지금 그 청문회 거치면서 제가 청문회도 갔다 오고 그랬는데, 이거는 지금은 대통령 탄핵에 관한 저거는 언론에 보도가 되잖아요. 그러니까 국민들이 '아, 당연히 이거 바뀌어야 된다' 하지만, 저희 세월호 사고에 관한 거는 단편적으로만 나왔지 실상 이게 왜 보도가 안 됐으며 그런 것까지도 밝혀내야 되는 과정이 다 되기가 힘들지 않을까요? 저는 그렇게 봐요. 다만 배 인양이 돼서, 계속 몇 번째 얘기 드리지만, 제대로 왜 이렇게 됐는지 원인 규명하고.

기다리라고 방송하는 그, 그것만 날리고 왔던 그 선원들⋯ 처벌이, 법이 좀 바뀌어야 된다고 봐요. 그 많은 인원들을 어찌 보면은… 다 수장을 시킨 건데 거서 "잘못 없다" 다 이렇게 하고 한 사람한테만 떠넘기는 게 아니라, 선원업무규정이 법적으로나 처벌도 그렇고 너무 약하지 않나. 만약 법적으로다 제대로 처벌이 강화되는 거 인지하고, 그 훈련이 돼 있었다 그러면, 그렇게 방송하고 나오지는 않았을 거 같애요. "바다로 뛰어들어라"는 말 한마디, 안내방송 한마디 했었으면은, 거의 제가 봐서는 일부 못 나오는 사람도 있었을 수 있겠지만 거의 다 살지 않았을까.

근데 지금 몇 명만, 두세 명이죠? 두세 명 빼놓고는 전부 뭐, 뭐가 해서 그렇게 잘못 저거 한 게 사람의 생명이 달린 쪽 일을 하는데 뭐 얼마 안 돼서, 그 중간에 규정이나 다 거치는데 그런 게 제대로 안, 이 배 운영이나 이런 게 교육이 안 됐다 그러면 앞으로는 더 교육을 더 강화해서 제대로 해야 될 것이고. 승객들 대피하는 항공, 비행기도 똑같잖아요? 바다에 불시착하면은 하는 규정, 매일 방송하잖아요. 근데 배 같은 경우에는 비행기마냥 급하게 뭐 추락을 한다거나 그런 게 아니잖아요. 좀 제도가 좀 강화되고 저거를 해서 책임자들이 그렇게 과적이나 저런 거 하지 못하게 재발 방지를 위해서 그런 법적인 저게 강화가 되고 유착 안 되게 해놓고 하면은, 조금 더 사고에 대한 대처 능력이 세월호 사고를 겪고 나서 조금이라도 더 좋아지는, 이렇게 안전에 대한 저게 좋아진다 그러면 그게 제일 뜻이 있을 거 같애요, 제가 보기에는.

6
하용이에 대한 기억과 생각

면담자　　예, 좀 주제를 바꿔봐서요. 하용이는 그림을 잘 그려서 몇 차례 전시회를 가졌습니다, 그렇죠?

하용 아빠　　예.

면담자　　예. 예슬 양 전시회랑.

하용 아빠　　같이.

면담자　　같이.

하용 아빠　　예.

면담자　　예. 전시회가 안산에서도 했고, 서울에서도 했죠?

하용 아빠　　서울에서 이제 그 사고 이후에 그 저희 같은 반, 하용이 반 엄마가 "좀 사람들한테 알리고 저걸 하자. 좀 했으면 좋겠다".

면담자　　어느 어머니께서 말씀을?

하용 아빠　　동혁이 엄마가. 예. 그래 갖고 그 제가 서촌갤러리인가? 장영승 씨인가? 제가 이름을 기억이, 자꾸 잊어버려서. 거기서 한동안 했었구요. 저는 취지가 아이들 죽음 헛되지 않게 좀 알리고 제대로 저거를 하는 쪽에서, 집사람이 좀 많이 저거에 대해서는 좀 하자는 식으로다 얘기를 하더라구요. 저는 제 개인적으로는 '아이가 죽은 마당에 그 전시회 하면 뭐 하냐' 그런 생각을 갖고 있다가 이제 '좋은 취지다 이렇게 하자' 그래 갖고 전시회를 하고, 이제 많은 분들이 왔다 가고. 인제 제가 그 얘기를 했어요. "아이에 관해서 이게 나중에 뭐 말이 이렇게 많은 건 난 싫다. 금전적인 면이나 이런 게 문제가 얘기되면 나는 전시회를 안 하겠다"는 식으로 처음에 얘기를 했어요. "수입 같은 건 나는 가질 생각이 없다. 내가 그거 필요하지도 않고" 다만 아이들 사고 난 거에 대해서 좀 제대로 좀 알리고 그러는 쪽으로다 도움이 됐으면 해서 시작을 했었고. 서울에서 끝나서 이제 여기 미술관에 몇 개 이렇게 아이 그림 갖다 놓고 저거 했었고.

면담자   어디 미술관요?

하용 아빠   여기. 경기.

면담자   예.

하용 아빠   예. 했었고, 안산에서는 전시회를 안 했구요.

면담자   광주에서 했었나요?

하용 아빠   전주에서, 예. 그 연락이 와서 그 아이들에 대한 아이에 대한, 세월호에 대한 저거를 좀 알리고 그러는데 아이 그림을 같이 해서 행사에서 할려고 그 교육, 전라도교육청인가요? 거기서 연락이 와서 좋은 취지로 얘기를 하더라고요. 그래서 거기도 전시회 할 때 서울도 전시회 하는 거 갔다 왔었고, 전라북도교육청에도 전시회 할 때도 나중에 집사람하고 제가 몸이 안 좋은데도, 장거리

운전이 제가 몸이 안 좋아서 힘들거든요, [그래도] 집사람과도 시간 내서 갔다 오고. "고맙다고, 잊지 않고 이렇게 생각 많이 해주서 갖고" 그렇게 했는데… 저는 그래요. '이제 살아서 지 하고 싶은 그림 그리는 거 했었으면 좋았을걸' 이렇게… 그 생각이죠 뭐.

면담자　　　　그림을 원래, 그 아이가 그림 그릴 때도 그림을 종종 챙겨 보셨습니까?

하용 아빠　　　예. 안산 와서도 그렇고 어렸을 때도 그렇고 이렇게 그리는 거 보면은 아이가 뭐 그림을 그리고, 종이접기 하고 이렇게 뭐 여러 가지 할 때는 자기가 관심 있는 거 할 때는 주변에 누가 와도 신경 안 쓰고 그것만 하고 있으니까요. 이렇게 하는 거 옆에서 이렇게 지켜보다가 "아들, 그건 어떻게 하는 거야?" 이렇게 하니까 왜 잠깐 쉬었다 하라는 식으로다 이렇게 말을 던지면은 "이거 보면 이렇게 이렇게 하는 거야" 그러면, 그냥 그것만 계속하고 있을 정도까지.

면담자　　　　쉬라고 해도?

하용 아빠　　　예. 제가 일부러 도장도 다니게 하고 자꾸 운동을 하게 만들고 했던 게 너무 한 가지에만 빠져 있는 거 같아서. 어렸을 때 한 거는, 그리고 그런 거는 시간이 지나면서 많이 이사 다니고 그러면서 없어졌고. 이제 늦게 하용이가 지금 전시하고 그랬던 게, 이제 학원 다니면서, 다니기 전에 조금 일부하고 그거 남아 있는 건데. 그전에는 그 생각을 못 했어요. '아이 어렸을 때 그린 거서부터 이렇게 좀 모아서 정리를 해줄걸', 그 생각을 못 했었는데. 그 아이에 대한 기억이 하용이에 대한 기억은 거의 그건 거 같아요. 제가 현장으로 13년 돌 때는 가끔 가다 와서 이렇게 아이 그림 그린 거 이렇게 하는 거 보고 "우리 아들, 잘 그리네" 이렇게 칭찬해 주면, 좋아서 "이것도 그려봤어요" 그러고 갖고 와서 보여주기도 하고 그랬었는데.

면담자   제일 즐겨 그리는 게 무엇이었나요?

하용 아빠   제일, 어렸을 때는 뭐 여러 가지 공룡 같은 거, 상어, 고래 뭐 이런 거. 그 종류별로다 그 애들 책 있잖아요. 여러 권으로 된 거, 그거 사준 거에서 그림을 식물 종류나 그런 쪽으로 거의 그린 거죠. 어렸을 때서부터… 그런 종류로.

면담자   전시된 그림 보니까 뭐, 고흐 그림 이렇게 좀 아이디어를 얻은 것도 있고, 색감도 화려한 것들도 있고. 물고기도 많이 등장하고 이런 것들 있던데요.

하용 아빠   저는 그림에 대해서 잘 몰라서. 그냥 아이가 본인이 관심 있는 걸 그리고 저걸 하더라고요. 다만 하고 싶은 거 나중에 하게 해줬던 게, 그 즐거워하던 모습이 제일 기억에 남죠, 아이가. 밤 12시 다 돼서 와서도 갔다 와서 "재미있어?" 그러면 "예, 재미있어요" 하더라고요. 저 같으면 그 시간까지 학교 끝나고 아침서부터 해갖고 학원을, 그림 그리는 게 재미, 그것도 자기 편할 때 하는 게 재미있지 않을까 싶었는데 아이는 그래도 좋다고 재미있다고, 학교생활 재미있고 그리는 게 좋다고.

면담자   그럼, 아버님. 아까 전에 4·16 이후에 본인 힘들게 했거나 아니면 후회하는 거 잠깐 여쭸었는데요.

하용 아빠   예.

면담자   혹시 아버님이 4·16 이후 겪으시면서 혹시 우신 적 있으신가요?

하용 아빠   아, 많죠 그건. 다 저건, 그렇기 세세한 거 다 얘기하면 끝도 없고.

면담자   좀 기억에 나시게 좀 격앙되시거나, 많은 울음을 터트리셨던 적이 언제였나요?

하용 아빠   밤에 좀 많이 울었죠 저는… 아이 방에 가서 아이 사진하고 저, 전시회 끝나고 이제 서울에서 전시회 끝나고 그랬을 거예요. 그 아이 저거[그림]를 다 갖고 와서, 이사해서 저희 방에 안방에다가 놓고. 아이 생일 땐데 잠이 안 와서 이렇게 쳐다보고 있는데, 집사람은 이제 낮에 저거 해서 이제 힘들어서 먼저 자고, 저 혼자 소리 못 내고 그냥 혼자서 한 서너 시간가량 울었던 게 기억이 나네요. 애들 다 자고 있고, 집사람[과] 그날 아이 생일이라서 이렇게 아이 보러도 갔다 오고, 우리 아들하고… 나서. 애 생일 때 그게 많이 기억이 나더라고요, 더 저거 하고. 첫애고 그러니까 생일도 많이 챙겨주고 그런 기억이, 생일 선물이라고 이것도 저것도 해주고 그런 기억이. 사고 나고 나서 그때 사고 당, 났을 때는 진짜 이게 꿈인가 생시인가 감도 안 오고. 아이 처음에 찾았을 때 좀 많이 울고. 아이 생일 때… 살아 있었으면 지 하고 싶은 거 많이 하고 지금은 좋아라 할 땐데… 못 했다는 게 제일 힘들었었어요. 그때가 제일 생각나요. 아이 유품을 방에 갖다 놓다 보니까 잠 안 오고 그럴 때 아이 유품 이렇게 쳐다보면서 하나하나 보면서… 그것 때문에 더 잠도 못 자는지도 모르겠지만, 제일 힘들더라구요 그게. 이게 어느 정도 정리가 되고 저거 다 되면은… 방도, 이제 자식인데 벌써, 그렇게 엄마, 아빠 자는 방에 한쪽 구석에 책상하고 유품을 냅두기가 그것도 좀 미안하고.

면담자   나중에 아이 방을 따로 다시 만들어주실 생각이신 가요?

하용 아빠   예. 아까도 잠깐 얘기했었지만 지울려 그러면은 잊을 수가 없어요. 아이 방을 하나 해놓고, 해주는 게 맞을 거 같고. 지금은 이제 여건이 안 되니까 저렇게 하고.

면담자   예, 이제 2년하고도 얼추 3년이 다 되어가는 지금, 하용이 떠올리면 어떤 생각이 드십니까? 하용이는 아버님에게, 지금은 어떠한 의미로 나타나는지요?

하용 아빠   지금도 똑같아요. 그 어렸을 때부터 자라오는 과정, 그게 머릿속에 떠오르죠. 어렸을 때 아이하고 물놀이 갔던 거, 물고기 잡으러 갔던 거 하고, 놀이공원 같은 데 가서도 놀러 갔던 기억 뭐 그런 거 하고, 이제 고등학교 때 저거, 진짜 본인이 하고 싶다고 하는 거 하게 해줬을 때 좋아서 환한 모습, 그게 쭉 떠오르죠, 지금도.

변화하지는 않는 거 같아요. 오히려 아이를 직접 보고 있을 때가 그때 당시의 모습만 보게 되지만, 아이가 떠나고 나서는 어렸을 때서부터 걸음마 떼고 이렇게 바같에 같이 손잡고 나가서 사진 찍은 것서부터 쭉 그때서부터 이렇게 쭉, 태어났을 때 모습부터 이렇게… 쭉 커온 과정이 눈에 그려지죠. 말로 다 설명, 저기 뭐 이야기하기도 그렇지만, 변하지는 않는 거 같아요. 아이, 저, 제 기억. 소소한 거 다 기억을 못 해서 그런 거지, 그 과정이 애 크는 과정이 '어떻게 됐었지' 하면서 그 생각이 많이 나죠.

집사람도 요새 그러는데요. 이렇기 아이 생각나고, 이렇게 그 어린애들 걸음마하고 쭉 이렇게 할 때, 이렇게 엄마한테 뭐 사달라고 땡깡 쓰고, 예. 그런 모습 보면, 이렇게 지나가면서 같이 지나가면서 "하용이도 저맘때 저렇게 저런 행동 했었고, 저렇게 했었는데" 이렇게 집사람도 얘기할 정도니까, 거의 변하지는 않는 거 같아요, 생각이.

오히려 그 하용이 동생들은 계속 얼굴을 보고 이렇게 하니까. 제가 들어오면 거의 애들은 자니까, 이제 불을 켜놓고 자면 제가 불을 꺼주는 쪽이거든요. 집사람도 안방에서 쉬고 있고 아이들은 아이들 방에 있으니까. [일]하다가 이제 제가 들어오는 시간이 1시나 2시쯤 되니까, 그때 정도면 자야 될 시간이니까 불이 켜져 있으

면 문 열어보고 자고 있으면 불을 꺼주고. 아이들 얼굴을, 동생들
은 지켜보니까 계속 그 모습이, 옛날 기억보다는 현재의 모습이 많
이 떠올려지고. 이제 하용이 같은 경우에는 거기서 멈춘 거죠. 사
고 전, 가기 전, 가기 전의 모습. 전서부터 커가는, 자꾸 이렇게 되
돌아가더라고요. 그래서 더 아이 생각이 더 나고, 더 힘든지도 모
르겠어요. 옆에서 보고 있으면 '아이가 이렇게 많이 컸네' 이 정도
밖에 느끼는, 그 정도밖에 안 되지 않을까 싶은데. 더 이상 자라지
못하게 되니까, 기억이 거기서 멈췄다는 거.

7
4·16 이후 건강 상태와 생활

면담자   건강 상태는 좀 어떠신지요?

하용 아빠   열이 훅 오르면은 감정이 주체를 못 하면 이게 몸에
나더라고요. 뭐가 이렇게 확 올라요. 어디 있더라? 저기 와동 쪽에
있는데, 한번 이렇게 가서. 갔다 온 적이 있는데….

면담자   와동에 거기서는 뭘 하시는 건대요?

하용 아빠   그 이름이 뭐더라?

면담자   상담을 받으신 건가요?

하용 아빠   아니, 이제 몸이 안 좋아서.

면담자 　　　약물 치료를 받으신 건가요?

하용 아빠 　　　거기 치료받으러 한번 갔다가, 그 약 제조를 해주시더라고요. 그거 한 번 먹었는데도, 약 먹어도 똑같더라고요.

면담자 　　　그때 그럼 약은 피부과 약을 드신 건가요?

하용 아빠 　　　아니요. 먹는 약을 했는데. 이제 올라오니까 화기 때문에, 그러니까 속에서 올라오는 걸 주체를 못해서 그러는 거 같다 해갖고. 뭐 그런 쪽으로다 한약을.

면담자 　　　온마음센터에?

하용 아빠 　　　그 와동, 어디라 그래야 되나 지금 바뀌었는데. 예전 현대자동차 사거리 쪽, 와동 저 체육공원 있는 그 근처인데. 거기 한 번 갔다 온, 갔다 오고 약 먹은.

면담자 　　　그 뭐, 이렇게 상담 프로그램이나 트라우마 치료 치유센터나 뭐 이런 프로그램들 왜 한번 응해보시지 않으시고 그냥 마셨던 이유가 있으세요?

하용 아빠 　　　글쎄요. 그때 당시에는 제가 이렇게 뭐 이런 거 저런 거 할 때, 간담회 다니고 이렇게 동거차도 한 일주일씩 들어갔다 나오고, 뭐 어디 행사 있다 그러면 쫓아다니고 그러면서, 그 쉬는 날하고 저거 안 맞은 것도 있구요. 제가 이제 그런 데 갔다 오다 보면 이제 허리가 안 좋아 갖고 수술한, 이렇게 수술하고 시술 받는 데가 한 세 군데 되니까, 이제 힘들어서 하루는 집에서 꼼짝을 못

해요 갔다 오면은. 거의 그런 상태라. 지금도 이제 진도까지 도보 행진 하고 나서 제가 이쪽 왼, 오른쪽 치아가 다 지금 많이 안 좋아졌어요. 그래서 지금도 그래 갖고 오늘도 이거 끝나고 인제, 하도 밥 먹는 것도 아파 갖고, 치과를 이렇게 끝나고 가야 되는데.

면담자 예. 뭐, 시간이 되셨으면 가셨을 거 같은데 시간이 안 돼서 못 가신 건가요?

하용 아빠 예. 시간 안 된 것도 있고, 인제 그런 거 프로그램도 있고 저거 하는 거를 얘기를 하는데.

면담자 선뜻 안 내키셨군요.

하용 아빠 선뜻 안 내키죠.

면담자 왜 안 내키셨을까요, 아버님?

하용 아빠 뭐 이거는 제 개인적인 생각인데 이 트라우마 극복하는 거는, 우리한테 제일 급한 게, 이 배 인양되고 제대로 진상 규명되고 처벌하고 재발 방지 이렇게 좀 되는 게 돼야지 우리는 근본적인 치료가 될 거 같아요. 왜냐면 뭐 가서 프로그램 있다 그래서 그거 받는다고 저는 된다고 생각을 안 해요. 가서 뭐 이렇게 잠깐 저거는 하겠지만, 제 개인적으로는 그거 해도 소용없다 생각하고 저는 바깥으로다 이렇게 활동하는 거로 돌아다녔던 이유가 빨리 저거를 하고 그래야지. 제가 다른 분들한테도 이제 아빠들한테도, 직장 다니시는 분들한테도, 처음에 직장을 이제 다니던 거를 계속 다니시는 분들이 힘들어하시고 그만하실려고, 이제 같이 활동하시려고 그러는 분들도 있고 이제 심경 변화가 많았었는데. "그래도 한 사람은 경제활동을 해야 된다. 나는 어차피 장사를 준비하던 과정이었었고, 아직 시작을 안 해갖고. 저는 2년은 우예 됐든 딴 일 접어두고 가게, 나는 지켜볼 거다, 활동할 거다" 하고.

제가 여기 분향소도 그렇고 10일마다 당직이 여기 서요. 그러면서 어디 간담회 갔다 오고 당직 서고, 좀 활동하고 그러면 일주일이 어떻게 가는지를 모르니까. 시간상으로는 그, 저거 받고 그러는 것도 좀 맞지를 않고. 좀 멀리 갔다 오면 그다음 날은 제가 힘들어서 활동하기가 힘들었었고, 사고 이후에는. 지금이야 인제 조금 몸이 자꾸, 일이라도 시작을 해서 제가 그 스케줄에 맞춰서 계속 몸을 만들어갈려고 하니까 이제 그나마 적응을 하고 있는데, 아직도 이 한 자세로다 1시간 정도 있으면은 허리가 아파서 다시 자세 피고 그럴 정도까지, 아직도 그러는데.

면담자 심리치료나 트라우마센터 같은 데서 또 유가족분들에게 특별히 관심을 가졌던 여러 이유 중에 하나가 그러니까, 압도하는 고통이지 않습니까? 압도하는 슬픈 기억이고. 그렇기 때문에 더러 생을 놓으려고 하는, 그렇죠? 그런 경험들까지도, 더러 상상하시거든요.

하용 아빠 예, 있었죠. 예. 근데 저는.

면담자 그러시지는 않으셨구나.

하용 아빠   예, 그런 건 없구요. 왜, 제일 중요한 게 그거죠. '왜 나는 열심히 살았는데, 나름 노력하고 남한테 악하게 안 할려고 살았는데 왜 나한테 이런 아픔이 있지?' 그런 거는 느끼지, 느낄 수는 있어도 글쎄요. 저는 아직 그 동생들 둘이 남아 있어서 걔네들한테 힘을 얻지 않았나. 그 자체로 존재 자체로도 아이들이. '아이들도 충격이 있는데, 내가 이렇게 정신 놓고 저거 하면 안 되겠다. 집사람하고 다 챙겨야 되겠다' 그런 게 더 강했던 거 같애요. 제가 봐서는 그것 때문에… 내 생을 포기하겠다 그런…….

면담자   애들 어머님도 역시 그런 점에서 같은?

하용 아빠   그쵸. 왜냐면 뭐 촛불집회 가고 저거 하면서도 집사람이 다니거든요, 광화문도 갔다 오고 그러면서, 이 엄마 이렇기 공방 이렇게 해놓고, 냅킨아트 같은 거 해갖고 저거 하고 다, 지금도 아직도 다니는데. 바느질도 이렇게 총무 맡아서 문제되는 거 다하고 하는데. 오히려 바쁘면 바쁠수록 좀 더 좀 아이들 챙기는 거, 딴 거를 하면서도 아이들을 먼저 챙기니까. 자식이니까 제일 먼저 손이 갈 수밖에 없죠. 활동하더래도 아이들 몸이라든지, 왔을 때 저거 안 되게 교대 교대 하는 거. 그거, 그게 제일 저거였던 거 같애요, 집사람도.

면담자   저 그리고 아버님 주량이 좀 느셨어요? 요즘 술 자주 드신다고 하셨는데.

하용 아빠   많이 먹어서 이제 줄죠, 이제 조금 먹으면 취하죠.

하용 아빠 빈운종

면담자   아, 되레 주셨구나.

하용 아빠   예. 몸이 이제.

면담자   못 받쳐주는.

하용 아빠   예. 힘드니까 이제 못 받쳐주죠.

면담자   따로 평소에 드시는 약도 있으신가요? 규칙적으로 드시는 약이라든지.

하용 아빠   이제 조금, 집사람하고 이제 가게 시작하면서 홍삼 쪽 제품을 좀 먹구요. 이렇기 술을 좀 많이 먹다 보니까 간 쪽으로 다 이렇게 하는 거 좀. 피곤하면 이제 잠을 잘 못 자니까 그런 게 좀, 그런 거 좀 먹게 되더라고요.

면담자   뭐 수면제나 수면유도제 같은 거 드신 적은 없으시구요?

하용 아빠   수면유도제는 안 먹어봤어요. 왜냐면 잠이 안 오면 안 오지, 그걸 어거지로다 잘 생각을 안 하고요. 차라리 그런 약보다는 좀 '오늘 하루는 자고 싶다' 그럴 때, 인제 그때는 좀 술을 먹고 자는 편이었었구요. 술 먹고 잘 정도까지…. 약 갖고는 안 해봤어요. 그런 거 갖고 이제, 잊을려고 약 먹는 거는 좀 아닌 거 같고 그래서. 술도 뭐 어차피 약이죠, 뭐 그렇기 잠 잘려고 일부러 먹는 거니까.

면담자   예. 그래서 여러 차례, 세 차례 동안 쉽지 않은 이야기를 선뜻 저희에게 해주셔서 정말 감사드립니다. 앞으로도.

하용 아빠   도움이 됐는지 모르겠습니다.

면담자   아니, 큰 도움이 됐습니다. 항상 곁에서 또 응원드리 겠다는 말씀 전하면서, 아버님과의 세 차례의 면담을 모두 마치도 록 하겠습니다. 수고해 주셔서 감사합니다.

하용 아빠   수고하셨습니다.

하용 아빠 빈운종

4·16구술증언록 단원고 2학년 4반 제7권

그날을 말하다 하용 아빠 빈운종

ⓒ 4·16기억저장소, 2019

기획 편집 4·16기억저장소 ┊ **지원 협조** (사)4·16세월호참사가족협의회
펴낸이 김종수 ┊ **펴낸곳** 한울엠플러스(주)
초판 1쇄 인쇄 2019년 4월 1일 ┊ **초판 1쇄 발행** 2019년 4월 16일
주소 10881 경기도 파주시 광인사길 153 한울시소빌딩 3층
전화 031-955-0655 ┊ **팩스** 031-955-0656 ┊ **홈페이지** www.hanulmplus.kr
등록번호 제406-2015-000143호

Printed in Korea.
ISBN 978-89-460-6730-1 04300
        978-89-460-6700-4 (세트)
* 책값은 겉표지에 표시되어 있습니다.